小学館文庫

関西で飲もう

京都、大阪、そして神戸

太田和彦

小学館

デザイン：横須賀拓　写真：エレファント・タカ　撮影協力：大阪ながほり

はじめに

居酒屋の本を何十冊も書いてきた。

その二冊目、一九九三年の『精選・東京の居酒屋』は、それまでの居酒屋紹介は趣味人や文化人が好きな店を書いたコラム程度だったのを、居酒屋を網羅的に取材して選んだ店を、一軒につき何ページもの長い文を書くルポルタージュだった。執筆二年、東京の居酒屋の全体像や地域差から発見した特徴、そのうえでの名店を著した初めての本になり、居酒屋を書く基礎技術を得た。

その方法を全国に広げた『ニッポン居酒屋放浪記』全三巻で、日本の居酒屋の地方特徴を把握し、四年ごとに改訂しているガイド『太田和彦の居酒屋味酒覧』や、ベスト本『居酒屋百名山』などにまとまった。

そんなこんなでおよそ二十五年、もう書くことも、研究（です）することもなくなったかと思っていたが、大きなテーマが与えられた。

ある日、関西の優れた食雑誌「あまから手帖」から電話がきた。

「関西の居酒屋を取材連載しませんか」

太田さんが全国の居酒屋通であることは知っている。関西の店もよく押さえてある。しかし（こう明確には言わなかったが）、関西人からみれば、関西にはより深い居酒屋文化、飲食文化がある。それを関東の方に書いてもらいたいと。

なるほど。私から解釈すれば「あんたはん、よう知っとるつもりらしいけど、まだまだでっせ、まあ来てみなはれ」という挑戦だ。

私自身も関西の食文化をしっかり体験せず、それについて触れるのは恥ずかしい気持ちはずっとあった。関西コンプレックスだ。これはありがたい。第一、好きな気持ちが高まっていた関西に定期的に通える。東京の居酒屋は知らないことはもうなく、飽きてもいた。

提示された方法は「編集部の指定した店に一人で入り、長く書く」というもの。「こんな店、知ってはりますか？　お手並み拝見」が丸見えだ。

ようし、やったろうじゃないか、久しぶりにテーマが見つかった。ありがたい勉強の機会だ。そうして関西通いが始まった。

もくじ

居酒屋

割烹

バー

居酒屋

大阪 おおさか料理 浅井東迎

大阪は大好きで何度も来ているが、居酒屋で飲むばかりでほんとうの大阪の味は知らない。編集部が、まずここへと教えた心斎橋の「浅井東迎」は、通りの置き行灯に〈おおさか料理　昔なつかしのぞうすい　季節の逸品　鰯茶漬　毎週変わる季節のごはん〉とある。

長年の居酒屋通いで、初めてでも店の前に立てばおよその見当はつくようになったが、ここは置き行灯の言葉は親しみやすいものの、白暖簾、格子引戸の店構えは立派な割烹だ。私もよい歳になった。安酒場ばかりでなく、こういう所もさらりと入れるようになりたい。いささか緊張して戸を開くと、奥まで真っすぐに長いカウンター、後ろは仕切られた卓席、白衣白帽の料理人が、見えるだけで十人も活発に働く。

「ようこそ、よう来はりました」

初めての私に主人が前に立って挨拶してくれ、気持ちがやわらぐ。

「ビールをひと口と、後は品書きを見てからお願いします」

「おおきに、どうぞごゆっくり」

初めての店の興味は品書きだ。〈十一月二十六日の献立〉として半紙上下二段にびっしり墨書された二つ折りは、汁・生・煮・変わり鉢・煮魚・小鍋・旬のもの・サラダ・揚もの・酢・珍味・飯・ぞうすい・麺・お土産・デザートに分かれ、品数およそ百五十。最後まで読むのに時間がかかる。

しかし品書きこそ店を知る第一。最後まで丁寧に読み、ウンウンと解読。刺身もいいがここは大阪らしい手のかかったものにしよう。〈あわびとアスパラのスープ煮〉〈穴子と茄子のおろし煮〉はうまそう。〈ふぐ白子のとっくり蒸〉とは何だろう。〈ぐじの納豆蒸〉は強引ではないだろうか。悩む私に「鯛のうに巻はよう出ます」と主人。それではそのおすすめと、味が想像し難いもので始めるか。よし決定、と顔を上げた。

「鯛のうに巻つくりと、ふぐあらの白味噌仕立、それと白鷹のお燗を」

「はい、ぬる燗がええですか」

「いえ普通で」

「承知しました、はいこちらお銚子！」

「はいお銚子！」と奥から力強い返事あって自らは庖丁を手に。ビールを飲みながらここまで約十分。さあて。

ツイー……

鯛の刺身で生うにを巻いた〈鯛のうに巻つくり〉は、単体でもおいしいものを重ね合わせ、生うにもけちけちせず厚切りの刺身から溢れる。つけ醤油に浮かんだうずらの卵黄を溶き、刺身を少し浸し糸海苔をのせて口へ。その豪華な味よ。

関東は一般に料理料理した手のかかったものは好まず、せっかちゆえすぐ出ることを求め、関西のように「少しお時間かかります」「ええよ、丁寧に作ってや」ができない。まして味に味を重ねるのは、素材の味を消すのではと躊躇する。そうではなく味のためならどんどん豪華を重ねるのが大阪流か。

〈ふぐあらの白味噌仕立〉は立派な朱塗り椀の白味噌汁に大きなふぐ身が沈み、どろりとした汁は甘からず、しょっぱからず、かすかに酸味もある深い味で、大きな身に皮も入るふぐはむしろ脇役。「ふぐは余計なことしちゃ勿体ない」とあり難がって料理しない関東では考えられない。これぱかりは酒を中断して一気にいただく。

店は次第に混んできて大勢の料理人も活気づく。私の隣に座ったご夫婦の奥さんの「スッポン、川魚、貝、玉ネギに鰻など長いものはダメ」とした上で「おまかせ」という難しい注文に主人は「はい承知」と落ち着いたものだ。

その最初、主人が「〈小蕪射込蒸〉です」と差し出した一椀は、かぶ射込み・あわび・紅白の海老にオクラの緑が映える。へえ。

　こちらも次。品書きをつらつら見て決めた〈煮〉から選んだ〈サエズリと青菜〉は鯨の舌とチンゲン菜に葛打ちされたとろりと餡がかかり、粉山椒たっぷりに一味も赤を添える。関西おでんに欠かせないという高級品サエズリは、あまり鯨鯨せずおいしいがそれよりも「餡」だ。とろりとした葛餡は、サエズリの味そのものを抽出して固めたものだ。

　私は隣のおまかせが気になってきた。そっと見た〈里芋とあん肝の柚子あん掛〉は朱色のあん肝を黒い海苔ではさみ、餡をかけてうまそうだ。

　さてもう一品。私は考えを変え、へたに選ぶよりはとおすすめを聞いた。その〈白子と豆腐のしょう油グラタン〉は、何だかわからないゆえにおそらく自分では選ばない品だが、豆腐を混ぜたホワイトソースを醬油で焼いた焦げ風味が日本酒に合う。

「ここは通りからスッと入れる気楽な店ですが料理は超がつきます」とささやいた隣の方は月に一度は来るそうで羨ましい。

　けっこういただいたがあまりお腹がいっぱいになってゆかず、翻然と気づいた。味に味を重ねる、味を汁で味わう、さらに味そのものを餡に凝縮するのは、満腹にしないため。味を重ね、或いはエッセンスにして、次々にいろいろ食べるためなのだと、それが大阪のどん欲な味覚追求なのだと。

カウンターも卓席も、味を楽しみに来た男と女でいっぱいになった。箸袋の〈やっぱりええなあ　大阪ミナミ　肩ひじ張らへんにぎわいの街　ここらでちょっと　季節の旨いもんつまみにいこか〉そのままの光景だ。

お隣が席を立たれたあと、私に酒が出て尋ねると「今の方が一本差し上げてくださいと」。なんて粋な人だろう。「ここをごひいきに」というメッセージか。さすが大阪。

仕上げは〈長命草の手打ち茶そば〉を。主人の故郷沖縄の伝統野菜を打ち込んだそばで、つゆにはうずら卵黄と、とろろ芋が浮かびここでも味を重ねる。関東の禁欲的なそばでは考えられない自在な発想はスケール感があった。

——これが「おおさか料理」か。これは楽しみになってきた。

大阪　旨い料理旨い酒　じょうじ

　案内された東成区緑橋は、大阪のどの辺になるのか見当もつかない。高速道下の幹線通りから横に入った、民家と小さな会社が混在する暗い通りに、その居酒屋「じょうじ」はあった。あたりに華やかさは微塵もなく、寒空に自転車が一台通りすぎるばかりだ。ここかと思いながらそっと玄関戸を開けた。すると……

　店内は天井高く白で統一され、真っ赤な椅子が並ぶ。建築雑誌に載るようなモダンな内装に、勢いある筆字品書きがかえってマッチ。和皿に重なる茄子、蓮根、松茸、下仁田葱などの山は和食の店のしるしか。明るい照明の下に、すでに上着を脱いだ男女がにぎやかにやっている。遅れをとった気持ちでカウンターの真ん中に座った。さてどうするか。初めての店だ、品書きを読んでゆくしかないな。

　何枚も貼り足した躍動する筆文字のビラは、よいものならどんどん追加していった勢いのようだ。北海道釧路・うに（いかうに・あて）、三陸岩手・エゾ鮑（活蒸し）、富山氷見・横輪（たたき・造り）、和歌山加太・紅葉鯛（ちり蒸し・煮付・塩焼・かぶと・にぎり・造り・しゃぶしゃぶ小鍋）、兵庫香住・活き松葉かに（造り・むし・

焼がに・小鍋）、山口萩・剣先いか（造り・いかうにあて・下足焼・天ぷら・ガーリックバター焼）、長崎対馬・紅瞳のどぐろ（大片身塩焼・煮付・ちり蒸し）……えんえんと続く末尾は〈クエ祭〉として〈おかげさまで開店八周年を…これもひとえに皆様の…つきましては冬の王様「クエ」を特別価格で…〉。

あたかも日本列島魚祭の膨大な品書きを読み終えて放心状態だ。

「なんでも言ってください」

てきぱきと気持ちよい若主人がまっすぐにこちらを見る。私の視線を察した隣の夫婦客が「生のカニが入る刺身盛りはここくらいでしょう」と自分の豪華な皿を見せる。よし決まった。当店でこれ以上の注文はないだろう。

「刺身盛合せ、あまり多くなく。それと呉春のお燗をください」

「はい、盛合せ一丁」

小鉢に湯気を上げるお通し〈銀杏・ひろうす・エビ芋のカニみそあんかけ〉はすでにして立派な料理で、たちまち食べ終えたのを見て「これどうぞ」と出してくれた〈枝付きミニトマト〉がおいしい。「和歌山のです、えーと名前なんつったかな」と肩に携帯電話をはさみ、八百屋らしきに聞いている。「名前、そうトマトの、ミツ？どんな字？」あくまで追求してくれ恐縮。その名は「蜜香房（みっこうぼう）」。庖丁を放すことなく弟子に矢次ぎ早に指示を飛ばし、思ったことは即解決の気っ風がびんびん感じ取れる。

一方、手伝う女性二人はのんびり型で、板場の緊張を和らげる。

そして届いた刺身盛りの美しさ。氷を敷き詰めた洋皿に、緑の葉蘭、真っ赤な柿葉と紅葉、黄色の酢橘（すだち）を散らして、〈〆鯖・インドまぐろ・加太の鯛・その皮の湯引き・蒸しあわび・その肝・蛸の吸盤つき刺身〉。緑、赤、黄、白、黒、茶、臙脂（えんじ）、銀の集まりは豪華な錦繍の帯、印象は「みずみずしい」の一語だ。見とれる私に隣の夫婦がにっこり笑う。その味は……書くまでもない。

「今日の鯖は石川、ちょっと小さかった。八戸とは鯖の柄がちがう。加太の鯛は三・五キロ」「三・五キロ沖で捕れたんかいな」「そうや（笑）」。上着なしで来ている客は魚自慢の主人に茶々入れながら、次々に豪華な品を注文してゆく。

　大出刃と軍手で肩を上げ下げして奮闘しているのは特大の活き松葉ガニだ。その山盛りを受け取った夫婦は錫の大鍋で活きガニのしゃぶしゃぶ。贅沢だなあ。私は注文で負けている、ようし。

〈しろ甘鯛ひと塩焼き〉は洋皿にうらじろ葉を敷いて、甘鯛は皮焦げ目を上側に、大根ではさんだ炙りカラスミと大粒焼銀杏をあしらった姿は、山の焚火のごとき野趣満点。脂のりよく臈長（ろうた）けた艶冶（えんや）な色気は、米寿卒寿の祝いに使える味だ。自家製カラスミもふさわしい華となるだろう。

客が甘鯛談義。「甘鯛は白が最高、赤は京都では〝ぐじ〟とエラそう」「黄は三河だが、あかんので干物にする」。

コース料理嫌いの私は注文は安易におまかせにせず、品書きから逸品を見抜く自主性をもってと心がけているが、観念した。おまかせが一番だ。「何かもう一つ」に届いた〈クエの唐揚げ〉は、フグとはちがうコクがさらに上品でまさに「舌を巻く」。独り相撲完敗。

ここは本物の食道楽の店だ。「あんたよう来たな」と客が話しかけてきた。「京都の三ッ星でウン万の料理がここでは半額以下。値打ちあったらどこからでも客は来る」「大阪は〝素人さん〟が怖い町」と言うのは黙っている食道楽がいくらでもいるということだろう。どことなく京都を向こうに回した物言いが面白い。

和歌山育ちという気っ風よい主人は子どもの頃から魚を見て食べて育った。「カミさんが、まじめなあんたはどこでやっても客は来る言うてくれた」「ここに決めたんは、修学旅行で見た大阪城が忘れられなくて」が泣かせる。

林業を営む主人の父が祝いによこした見事な六メートル白木カウンターは、開店してしばらくは檜の香りが店に満ちた。主人曰く「怖くて値段聞けなかった」。私が

「推定六百万」と言うと「当たり！　六百五十万」と客が答えて笑う。

四十三歳男盛り。下を向いて自分に言い聞かせるようにぽつりと言った。

「何でもまじめでないとあかん」

包丁一本、晒しに巻いて……

浪速の庖丁道と食道楽は脈々と生きていた。

大阪　亀は萬年

教わった豊中市曽根は、東京ならば山手線の一つ外になる板橋あたりだろうか。東口は住宅街、西口は小さな商店街だがすぐに尽き、最後の角にその店があった。よくある郊外の居酒屋の構えだが、白暖簾の店名「亀は萬年」がユニークだ。

カウンターとテーブル、ぎっしり品書きで埋まる二つの長い黒板、おすすめを列記した短冊、営業時間は〇〇です、定休日は〇〇と△△、自動ドア、↓ドアのセンサーなど、思いついたことはすべて貼紙して気取りがない。

手元の板に貼った品書き「六月十一日今日のお献立」は、超おすすめ品・煮物・造り・焼物・揚物などがおよそ八十種。別板は「おすすめの献立」として十数種に、かしわ・寿司・だし巻いろいろが続き、ウニ丼・海鮮丼などの御飯ものは、しらすごはん玉子添え・かに玉子汁丼、焼さけのしそごはんなど工夫が見える十二種に「最後におまけのフルーツ出ます」とある。値段は「350（378）円」などすべて律儀に税込みも記す。大阪のサービス精神ここにありか。

その品書きの大群を読み解かねば。

「ヒッサギって何ですか？」

「ヨコワとマグロの中間です、この位」

手幅で示すのは一メートル弱だ。

「焼寿司は？」

この説明は一回ではわからなかったが、鯖寿司を焼き、大葉やゴマとほぐし混ぜるらしい。

「今日はサワラですが、一人用に半分もできますよ」

作務衣に紺の筒帽の主人は、丸顔いっぱいの深い笑いじわが恵比寿様のようだ。目星をつけたこれにしよう。

「かつをたたき亀萬風、をください」

それはよい注文ですというように、にっこり笑ってうなずいた。

初めての店は品書きが最大の情報だ。ビールで喉を湿らせつつじっくり探検に入った。

〈伝助穴子ゆびき〉は活き穴子かな。〈焼穴子ゆばあんかけ〉なるほど。〈かんぱちと鯛秘伝正油づけ〉は〈秘伝〉が気になる。〈かにの生春巻〉はベトナム風か。〈海鮮まんじゅう〉とは何だろう。〈砂ずり玉葱炒〉はよいかもしれない。〈ふぐ白子正油焼〉

の八百円は安い。隣の方の注文は〈新じゃが煮〉。凝った品の目立つ店だからこそ、普通のものがうまいということはある。〈貝柱あぶり〉とか〈豚角煮〉とか。

届いた〈かつをたたき亀萬風〉は瑠璃色皿にかつおの鮮紅、純白の玉葱、大葉の緑、濃緑の生若布、真っ赤な粒トマトと青もみじ一葉が鮮やかだ。

「かつおに巻いたのは海苔ですか？」

うかがうに、かつおサクに切れ目を入れてニンニクスライスをはさみ込み、海苔で包んで瞬間的に揚げ、それから切り分ける。その熱いのを大根おろしの入る特製ぽん酢たれでいただく。

ひと口——。

かつお外側の温かさ、中の冷たさ、ニンニク臭、海苔風味、揚げ油、ぽん酢の酸味が口の中で渾然一体。海苔で巻いて揚げるのは、生刺身に油を吸わせない工夫か。厨房で繊細に考えたというよりは、四万十川のキャンプで、ええい海苔で巻いて揚げてしまえとやったようなワイルドさ。添えたざっくり荒切り玉葱の鋭い辛みがまことに合う。これはよく思いついた、いや本気でやっちゃったという大技だ。目を丸くして主人を見ると「へへへ」とさらに目尻が下がっている。

ツイー……

「美和桜」のお燗は、広島には珍しい辛口の「平凡の名酒」。癖のある料理を流すには一番だ。

大阪中央からはずれた居酒屋はご近所の人ばかりらしく、品書きを見ずに注文するのはいつも来ているのだろう。

さて次。変わった品もいいが今年最後と頼んだ好物〈めばる煮付〉は、八百円なのにすばらしい出来。添えた牛蒡がまた頼もしく、煮魚のうまい店はよい店だ。作っていたもみあげの白い年配調理人に「うまい！」と皿を指さすと自信ありげに笑って顎を引く。

もう止まらない。緑あざやかな〈オクラすり流し〉、香りよい〈新生姜とごぼう寄せ揚〉。さらに〝二十七年、注ぎ足しているたれ〟に惹かれた〈豚角煮〉のこっくりした深み。煮物がうまい！

六十歳を超えたご主人は関西大学商学部在学中、ガードマンのアルバイトで会社組織を裏側から見て、自分には合わないと感じた。そのころでき始めた飲食チェーン店の創業をめざして、まずは料理の勉強と、千里中央の居酒屋「きたはま」に入った。そこの五年修業ですっかり主人の人柄に惚れ、独立にあたって店名を願い「鶴は千年、亀は万年。『亀は萬年』でどや」「いただきます」となった。

始めるとチェーン展開よりもここ一店で「味も値段も満足してもらえる、ほんまもんの居酒屋」をやる方が面白くなり、自慢の品には誇りを込めて「亀萬風」をつけるようになった。

カウンター端に座っていた方が、立って私に声をかけてきた。大手製薬会社に勤めながら私の本『居酒屋百名山』を巡り、あと数軒残すのみになった。いつかどこかで太田さんに会えるかと楽しみにしていたが、まさか自分の住むホームグラウンドの常連店で会うとは思わなかった。さすが太田さんと感激の面持ちだが、私は教わって来たのですけど。

それではと、ここのよさを聞くとすでに整理しておいたように言った。

（一）近くの豊南市場での仕入れ、（二）抜群の出汁、それは煮物に表れる。（三）自分の店だけの名物料理、（四）安く提供する意地、（五）主人の恵比寿顔。

――全くその通り。大阪居酒屋の神髄でした。

大阪　酒肴(さかな)　哲

大阪ミナミ、道具屋筋に並ぶあたりは、近年「ウラなんば」という名前で人気スポットになった。そこの「酒肴 哲」はカウンター八席の小さな店。おでんが名物と聞いたとおり、鱠(ふね)から淡い湯気が上がる。生ビールをとり、すぐ出るのはおでんだなと〈たこ〉〈いわしのつみれ〉を頼んだ。

これがなかなか出てこなく、蛸の足を切り分けて庖丁目を入れている。一方、後ろのガス台の小鍋でぐらぐら煮えていた出汁を具の入る鉢に注ぐ。

「それは何ですか？」

「鱧と松茸のおでんです」

うまそうだな。空いたガス台の鍋でこんどは蛸を煮始めた。その間、タッパーから茶色のねっとりしたものを小鉢に盛り移している。

「それは何ですか？」

「どて焼です」

「どて焼って何ですか？」

「スジとコンニャクの味噌煮です」

小鉢をガス台の火に置くと、別のタッパーの練ったものをひと固まり取り、手で形に整えている。

「それは何ですか？」

「いわしのつみれです」

それは何ですか攻勢だ。やがて届いたおでん〈たこ〉のおつゆをひと口。うまい。もうひと口、うまい。さらにひと口、とてもうまい。いかん、おつゆがなくなる。庖丁目を入れた蛸は鱧のように花が開いてきれいだ。

〈いわしのつみれ〉は、おろし生姜を溶き入れた大鉢のおつゆに、じゃがいもほどに大きく堂々の存在感。さっくりと箸が入ってやや崩れ、青魚の生臭みがほどよい一品だ。ひと吸いしたおつゆはつみれの出汁が出てさらにうまく、気がつくとビールを飲むのを完全に忘れていた。

ここのおでんは煮えているものを皿に取るだけではなく、主役はおつゆで、それを使うおでん料理だ。ひと息入れて見た「おしながき」のローストビーフ（自家製）、鯛・赤貝のこぶ〆、鱧皮きゅうり、稚鮎の丸干し、炙り明太子、鱧の天婦羅、海老天（タルタルソース）などから、珍しいもの中心にいこう。

〈鱧のべっ甲漬け〉は、開いて干した一本を置き、出刃庖丁の厚い背に手の平をのせ、ぎしぎしと骨切りし始めた。

「それは、鱧？」

「そうです、骨切りしてない鱧に塩して味噌に漬けました」

西京漬などに使う味噌で最低五日は漬け、美しい肌色になったのを細い短冊に切りそろえ、おろし山葵をのせ、なんとカシューナッツを添える。

ひと口。もちもちした中にややざらりと骨を感じ、甘みと粘りは昆布にも似て、老練歌舞伎役者の「艶冶（えんや）」、いや女形の「玲瓏（れいろう）」か。少しヒリリとするのは最後に振った粉山椒だ。私は鱧はそれほどうまい魚ではないと思っていたが、こんなに旨みを持っていたとは驚きだ。そしてカリリとかじる乾いたカシューナッツは、歌舞伎舞台にカンと打ち鳴る鼓の如し。

〈鮪の風干し〉は、鮪のサクを醬油・日本酒・昆布を煮切りしたたれに一晩漬け、冷蔵庫で最低五日風干しする。みごとな濃い赤茶の固まりの厚切りは芯まで同じ色だ。いますり下ろしてねっとりした山葵をちょっとのせてひと口。コクは鮪を越えた別種と言え、味はまったくちがうがお菓子で言えばチョコレートを想像する。添えた丸筒淡ピンクの漬け生姜が可憐な花だ。

〈鯵のきずし〉は三枚下ろしを、びくびくした酢洗いではなくしっかり〆め、ここまでやらなきゃ別のものにならないという意思を感じる。大きな五切れに玉葱と茗荷を添え、最後に土佐酢をたっぷりとかけ回す。鯖のくどさがない厚切りのさくっとした歯ざわりは清潔な旨みが奥深い。

私は感動した。この人は天才ではあるまいか。そして翻然と気づいた。店名の「酒肴」は伊達ではない。おでんではあわててビールを忘れたが、その後は名肴でゆっくり酒三昧だ。

「自分も酒飲みで自然にそれに合うものが並びました」

「出汁が好きで、これさえあればどうにでもなると」

「生魚でなくヅケや風干しの保存は経済的でもあるんですわ」。

昆布、かつお、鶏ガラで出汁をとり醬油はほとんど使わない。そこにサエズリや牛スジ、鱧と松茸などのおでんに多めに炊いたおつゆをまた鱧にもどし、と味は複雑になってゆく。

四十五歳の主人は法善寺で生まれ、水掛け不動で遊んでいたという生粋のミナミっ子。祖父が食道楽で子供の頃から鯨に慣れ、ハリハリ鍋はあたり前で「浅い鍋でなきゃダメ」と言われた。

私はまたおでんのおつゆが恋しくなった。もずく、豆苗、糸こん、生麩、湯葉、春雨あたりは小鍋のおつゆでさっと温める「おつゆを楽しむための種」。〈ごぼう〉はたっぷりの笹掻きの馥郁たる香りに包まれ、お椀を両手ではさんで拝むようにする。

もう一つ、とてもよい光景を見た。私の隣の席は、九か月の女の赤ちゃんを抱いた主人のお嫁さんと、主人の母と、伯母さんの四人。東京あたりは「仕事場に家族が来るなんて」と妙に固いが大阪はそうではない。息子の料理を家族で食べに来る、小さな子供にも食べさす。その「情」がいい。

おでん二品ほどと白ごはん。脇のふわふわ玉子とじは、品書きの端にひっそりとある〈なたね〉で、子供のころ何かもう一品ほしい時、母が出汁で玉子をとじ、三つ葉をのせて作ってくれたもの。淡い黄色が菜の花（なたね）に似て、そう呼んでいた。

伯母さんが勘定して主人からお釣りを受け取り、私に「また来てやってや」と言って帰られた。主人は深夜に帰ると、愛娘・紗奈ちゃんのそばにいつまでも座るそうだ。

いいなあ、大阪。

「ぼくも、なたね」「はい」

主人は小鍋にたっぷりとおつゆを汲んだ。

神戸　ばんぶ

神戸好きの私は北野坂はよく来るが、脇路地のこの店には気づいていなかった。

道からやや退げた玄関は、酒ばやし杉玉の下に目の粗い竹ざるを吊し、中の赤い紙に〈明石の昼網おばんざい〉。荒い土壁に「ばんぶ」の表札。細い丸竹を縦格子にした風情ある玄関戸をからからと開けると重そうな鉄扉が前をふさぐ。エイヤと力を入れて開いたそこに別世界が現れた。

さほど大きくない店内はカウンターと座りやすそうな背付きの椅子、四席の小さなコーナー。藁切り込みの荒い土壁が四囲をかこみ、温かみのある照明は明るすぎもせず暗くもなく体を包むようにやわらかく、ほどよい穴蔵感というか、母の胎内のような安心感がある。額の絵は竹久夢二とクリムト。正面に盛大に活けた花。中に立つのは母と娘で、やはり似ている。カウンターの大皿料理がうまそうだ。これからゆくかな。

「その緑のと……」

「はい、春きゃべつ煮」

「あれは新じゃがかな」

「はい、新じゃがミンチ」

メニューも見ないでもう注文が決まってしまった。酒はメニューを読む。

「そうだな『夜明け前』をお燗で」

「はい、承知しました」

こちらは娘さんが答え、料理はお母さん、酒は娘さんのようだ。初めての店はまず注文することが大切。いつまでも決めないでいると仕事が始まらず落ち着かない。指差して頼める大皿料理は面倒くさがり屋の男には助かる。

「夜明け前です」

ツイー……

「春キャベツです」

シャキ……

鮮やかな瑠璃色の浅鉢に、若緑あざやかな春キャベツにのせた紅白のカニ身が美しく、おつゆもたっぷりだ。

「おいしいですね」

「歯応えと、やっぱりお出汁ですね」

食べていただいて返事をすることから会話が始まる。しゃべりながらも私は箸が止まらない。

「これは男殺しだな」

「ほほほ、うちは家庭料理ですから」

お母さんが笑う。今年で開店十六年。店をやろうと思ったのは娘の美幸さんで、京都のおばんざいの店などに通っていたが母の作る味の方がよいと、お母さんを口説いたそうだ。母は素人なのにプロが仕入れる東山の市場でいつも買物して、そこでは知られていた。――娘さんに聞いた。

「自分でやろうとは思わなかった？」

「まだ二十四歳で、できなくて」

たっぷりのおつゆを最後は鉢を持って飲み干し、青い小鉢の〈新じゃがミンチ〉をほこほこと口の中で転がすおいしさ。やっぱり男の好きなのは煮物だな。それも会席料理で出る気取ったものではない、この家庭の煮物だ。

隣のスーツ姿の若い会社員風が「やっぱり飲もうかな」と言い始めた。彼は来るなり「今日はご飯食べに来ました、すぐ白ご飯もらっていいですか、あと牡蠣と葱の炒め」と注文して平らげたが、まだ帰らず座っていた。「会社に戻るつもりやったけど、明日でもできるかなと。どう思います？」「さあ」そう言われてもと母娘は苦笑するばかり。結局彼は酒を頼み、肴も追加し、上着を脱いでハンガーにかけた。

「この土壁がいいですね」

お母さんは子供の頃の福岡の学校帰りに、建前中の家が、壁土に切り藁を踏み込んで混ぜるのを見ていたのが忘れられず、店をそうしようと決めた。しかし三月の施工に藁の入手ができず、畳屋もあたってみたがだめ。山羊を飼う牧場に行ってみると、ちょうど一トントラックで藁を運んできて、話すと好きなだけ持って行けとなり、リンゴ一箱のお礼で済んだ。

「塗るのがまた」

正面は本職左官だが、後ろの目立たぬところは自分たちで塗り、確かに見比べるとまるでちがう。金コテが使えず最後は手で塗った。だから愛着があり、時々撫でている。お母さんは、娘に頼まれて始めたことだけど、やる以上はきちんとやると決め、店の設計、工事のすべてをみた。

居酒屋やバーは一枚板カウンターが看板だが、銘木だけど長さのない端材四枚を、天面は水平、手前はかまわず凸凹に接ぎ並べた八席カウンターがとてもいい。自分の店なんだからと、思ったことをずんずん試みた店内は、仕事帰りの男たちが我が家に帰るようにやってくる居心地となった。

でき上がっている料理だけでなく、仕事を出さねばと品書きから選んだ〈かきと岩津ねぎ炒め〉は、洋皿に牡蠣と葱がたっぷり豪快に炒め上がり、「さあもりもり食べなさい」と言っているようだ。さらに追加した、季節走りの筍と旬の若布の〈若竹煮〉は最後にのせた木の芽が春の到来。品書きには刺身や焼魚、珍味もあるけれど、私の注文は手作り料理ばかりだ。

お母さん・笙子（しょうこ）さんは昭和十五年中国・ハルピンに生まれ、そのころ食べたバターライスの味をかすかに憶えている。情勢で戦争はもう負けるとわかっていた十九年に家族と郷里鹿児島に引揚げた。小学五年で母を亡くしたが、母の味を再現したくて料理を研究。その後福岡で育ち、縁あってこの神戸に落ち着いて娘を育て、こうして娘の店を手伝うようになった。

私は知った。外地で生まれ、その時々の地で様々を吸収してきたコスモポリタンのお母さんが、この国際港町神戸に行き着いたのは必然だと。そして、外地北京に生まれ、母の故郷長崎に引揚げ、父の郷里松本で育った私が神戸を大好きな理由も。

ここは男たちの港だ。港港に女あり、酒場あり、そして母ありと。

神戸　才谷梅太郎

神戸繁華街真ん真ん中の派手な飲食ビルの六階。縄暖簾(のれん)、一升瓶の形の白提灯に「才谷梅太郎」。白木のコの字カウンター三方を四席ずつの小椅子が囲む、いたってさっぱりした作りに、どんな店かと身構えた緊張感が消えた。

カウンター幅はおよそ四十センチ。多くの居酒屋カウンターはその上を皿や瓶の置き場にして視界をさえぎるが、ここは高さ十五センチほどの一枚板を仕切りにしただけで、客同士の一体感を生む。白木中心の店内はシンプルに明るく清潔だ。中に立つのは黒ポロシャツにやや出た腹、坊主頭ながら目は優しい主人、グレーTシャツの若い女性スタッフはにこにこと愛想よく、全員が酒屋前掛けだ。

店の気楽な雰囲気は瞬時にわかった。お通し〈淡路島川津えび唐揚〉は丸々したのが三尾でビールにぴたり。川津は地名ではなく、文字通り川と津(海の汀(みぎわ))汽水域の海老だそうだ。

雑誌「あまから手帖」で、ここの一尺の大皿に手の込んだ肴が十種以上も盛り込まれる〈ひとり皿鉢(さわち)〉を紹介していた。皿鉢は日本一の酒飲み県・高知の、刺身も煮物もヨーカンも何もかも盛り込んだ、これを出しておけば男も女も全員が酒に専念できるという宴会料理。その一人用の〈ひとり皿鉢〉は超お得だが一日二皿限定、要予約。それは今度にして、今日はお好みでいこう。

まずは松形皿に姿美しい〈お造り盛合せ〉。明石昼網の鯖、小鯛、タコはすべてぶりと生の両方と丁寧な仕事。高知直送のカツオは、きりりとエッジまぶしい銀肌に黒筋が入るのを超厚切りして、そびえるように高い。白小皿の薬味四種はレモン、塩、たまり醤油に、緑色のは葉ニンニク・酢味噌・ゆず果汁を合わせた「土佐ぬた」で、これだけで一杯やる人もいるそうだ。おすすめの高知酒「亀泉」の純米吟醸生は力強さが高知らしい。

主人の増田寧明(やすあき)さんは高知の生んだ幕末の英雄・坂本龍馬に心酔し、その名を店名にいただきたかったが恐れ多く、龍馬が京都に潜伏していたときの変名にする。もちろん高知には足繁く通い、酒も料理も自分のものとした。

私も高知は何度も行き居酒屋もよく知っている。神戸で高知を味わうのもいいかなの気分だが、さてそれでは神戸らしい居酒屋とはどういうものだろう。神戸はやはり中華、洋食、バーの町で居酒屋はあまり聞かない。初めて神戸らしい居酒屋と感じさせてくれたのは、灘の酒蔵が自社の酒を普及させるために格安で日本酒を提供していた「宣伝酒場」で、私はこの気安い大衆酒場から神戸居酒屋を知り、酒の本場の居酒屋はこれかと思った。二十年以上も前のことだ。

「神戸らしい居酒屋って何？」

「ウーン……難しいですね」

大学で「神戸っ子の神戸考」という授業をとり各界名士の講義を受けたが「その単位おとしましてん」と頭をかく。もう一品〈高知米なす〉のたたきは、油でさっと炒めて茗荷・葱・ぽん酢で和えたさりげない家庭料理で、何度も地元に通って知り尽くした味らしい。

次も高知の酒という注文にお酒担当の女性がドンと置いた一升瓶「久礼・山」は荒っぽい仕上がりが男っぽい。それではと頼んだ〈鯛あら炊き〉は「あっさりとこってり、どちらがいいですか」と聞かれてあっさりにしたが、さすが明石の鯛でそれでも旨みが濃い。

増田さんは子どものころから飲食店をやりたかったけれど、親に地元の大学まで出してもらった手前もありサラリーマンとなった。そんなある日、龍馬は二十六歳から三十三歳の間に大業を為し終えたと思い至り、自分の本意を遂げるのにまだ間に合うと、三十一歳の四月十六日に会社を辞した。在職中に次を考えるのはいけないとけじめをつけていたので、翌日ハローワークに行ったが年齢が邪魔して求職はない。翌日の新聞広告の「レストラン皿洗い募集」に年齢制限がないので面接に出かけ「歳食ってるみたいやけど、まあええわ」と採用された。

自分は将来何の飲食をやりたいかは決めていなかったが、そこに二年めから来た親方料理長がよい人で、日本酒と和食の相性に気づかせてくれ、あと二年勤めてからそういう店をやりたいと話すと、その二年で教えられることを考えてくれた。

「それは何?」

「酒のあてです」

赤貝の残ったひもを和え物にするとあてになる。親方も酒が好きで仕事のあとよく飲みに誘ってくれ、そこでも教わった。あの人が恩人ですと言う目がいい。偉ぶったり勿体ぶったりせず、合理的に物事を進める龍馬のように感じたのだろうか。「しかもめちゃめちゃ男前で」と惚れ込んでいる様子もいい。さらに聞くと、私が神戸で最も信頼する居酒屋「哲粋」の大将も、その方と一緒につとめていたそうで、新しい神戸居酒屋の系譜かもしれない。

私の隣に座る客は増田さんの中学高校の先輩とかで、年配ながら神戸っ子らしいしゃれた格好だ。問わず語りに、昭和十三年の神戸大水害は幼稚園五歳の時で泥流にまみれ、昭和二十年の神戸大空襲は前日に米軍がビラを撒いて予告したが、疎開していた婆さんは知らずにその日に戻って来てしまい「死にに帰ったようなものだった」。平成七年の阪神・淡路大震災はがれきに埋められ、何時間も「助けてくれー」と叫び続けて助かった。「神戸はあらゆる災害を経験している」と言う目には大きなものを見た達観がある。

私は神戸人の気骨が見えた気がした。思うところを進め、何がおきてもまた立ち上がる。そういう人がゆっくり盃を傾ける居酒屋は、ネオン輝く繁華街のビルにありながら、店主の志と人の温もりがあった。

神戸　季節一品料理　藤原

神戸が大好きで機会を作っては来ている。神戸の魅力はどこを歩いても素敵な町並みだが、居酒屋「藤原」のあるこのあたりは殺風景な場所で、そもそも居酒屋があることが不思議だ。そこに開店四時からどんどん客が来る。私は一人だが予約しておいた。

「太田さん、待っとったで」

顔なじみ年配主人の藤原紘さんは、いつにも増して血色よくにこやかだ。

カウンターには男たち。四十代から七十代らしき人もいて、互いに顔なじみなのかそうでないのか。皆さん身なりよい紳士ばかりが闊達に話をかわす。端に入れてもらい、決めておいた品を注文した。

「きずし、鯛もね、それとお燗」

「はい、鯛おまっせ」

置かれた盃は派手な古九谷だ。昔は婚礼用に同じ食器を四十客は持っていたそうだが、もう使わないだろうと実家から店に持ってきた。「この皿も鉢もそうですわ」。みな古風なものばかり。藤原さんは昔のものを整理する気持ちになったのだろうか。

その皿の〈鯖と鯛のきずし〉は出す前にたれをかける。

「それは何ですか？」

「三杯酢。酢、酒、ヒガシマルの淡口、だしでちょーっと炊きます」

ホウレン草を白菜で巻いて茹でたお浸しや貝割れ大根、おろし生姜を添えて、飾り気なく皿いっぱい盛った鯛のきずしは懐かしい。

藤原さんのことを書くのは三度目だ。最初は一九九三年。雑誌「小説新潮」から、居酒屋探訪を書かないかと言われて大阪を訪れたときだ。まだ居酒屋のことなど何も知らず、大阪に良い店を見つけられないまま神戸に流れて入ったのが、大正三年創業、昭和二十年に三宮高架下に入った「森井本店」だ。古いたたずまいを残した大衆酒場に、探してきたものを見つけた気持ちで腰を据えた。そのカウンターで包丁を握っていたのが藤原さんだ。――その時の文。

〈注文を受けるとその場で料理する。極小スペースだが仕事はし易すそうだ。きずしができるのを見ていた。新しいサクの皮をツイーとはぎ、包丁を入れ、キャベツせん切り、貝割れ、茗荷をそえた小皿に盛り、傍らの瓶から何か二種のかけ汁をかけた。銀色に美しく光った肌を少し眺めて口に入れた。関東の〆鯖の単純な酢〆とちがい、淡く〆て甘酢ダシ汁をかけてある。うまい、とてもうまい。声を上げる私に藤原さんは「鯛のきずし、いてみませんか。ちょーっと値、はりますが沢山仕入れたんできずししてみました」と声をかけた。私はこれで西の味と居酒屋を知った。〉

二度めは、阪神・淡路大震災を経た一九九八年だ。森井本店などを書いた私の初の居酒屋探訪記は好評で連載にもなり日本各地を歩いていた。編集者の提案した神戸取材に、被災した町をのん気な飲み歩きで訪れることに私は抵抗したが「その気持ちを大切に行ってください」と強行された。

大震災の日、高架下の森井本店は建物は残ったが壊滅。藤原さんは退職を余儀なくされた。しかし男五十四歳、子供もある身で食べてゆかねばならない。一年後、それまでは家にいた奥さんも店に立ってもらいこの場所で「藤原」を開店していた。そこを訪ねた。

〈私は森井を辞めんならん事になり、しばらく皿洗いしててようやくこの空きスナック借りられたんです。(……)近所の人が、店やるなら持って行きと、この冷蔵庫や皿を分けてくれはったんです。今、隅で飲んでるあの人ですよ。こんな七時過ぎたら犬の子一匹通らんようなとこで客が来るのか不安でしたが、むかし少年野球の監督してた時の坊が「おっちゃん、お祝いや」と、特級酒持ってきてくれたりねえ〉〈私ら生きとっただけでも幸せですが、この時ほど人間の心ちゅうものがわかった時はないです。地震のおかげで名も知らんかったお客さんが「探しとったー」言うて何人も訪ねてくれはります。〉

私は何かを見届けた気持ちになり三年の連載をこの回で完結にした。藤原さんで始まり終わった連載は単行本化されて私の出世作となった。

――そして二〇一五年の今日。私が神戸で初めて入った居酒屋の味も人情も健在だ。肝煮も入る〈穴子煮〉のこっくりした旨さ。森井で感嘆した〈ごぼう煮〉が少し添えられ、緑の絹さやもうれしい。藤原さんは皿に盛れる限りどんどん何か入れてくれる。白髪、言葉少なに手伝う奥さんには、この人がいるから店があると客のだれもが優しい目をかける。

私の隣は、神戸で有名な中華レストランの社長さんでご機嫌だ。

「あんたはん仕事は何ですの?」

「はあ、文章など書いてます」

「あんまり儲からんやろな」

「まったくその通りですわ」

あっはははと一同が笑う雰囲気がいい。客は壁の品書きを見ようともせず知ったものを注文する。「アレ出して」ですませる人もいる。担当編集者が「ある意味、神戸で敷居が高い店」と言っていたのは入りたい人の多さだろう。それは人の情を確認に来る「西の酒場」の真髄があるからだと三度めの今日発見した。

「十五で森井に入って三十九年、五十四で辞めて五十五でここを開店、それから二十年。今、七十四ですわ」

実家の古い食器の整理も、震災体験を区切る気持ちになったのかも知れない。「太田さん、これ持ってって」といただいた盃は私の宝物になった。

京都 祇園 河道

京都四条大橋を渡り南座前の小路に入ると、突き当たりの正面二階窓に楽しそうに食事する人影が見える。階段を上がりレインコートを脱ぎかけた目の前の、ライトアップされた南座の全容にしばし見とれ、ようやくカウンター席についた。

初めての店、まず注文だ。「本日の献立」はすぐ出そうな十品、〈温物〉六品、〈焼物〉九品、〈揚物〉四品、〈肴物〉四品、〈御飯物〉いくつか。〈魚の昆布〆ジュレ掛け〉〈白魚焼生麩の青海苔玉〆〉〈原木椎茸・万願寺いしる醬油焼〉などを意味を読み解くようにウンウン見てゆき皆よさそうだ。なかなか決まらない私に「はじめにお通し三品が出ます」と声をかけてくれ、ではそれを見てからと品書きを置いた。

「お飲み物はどうされますか?」

私は料理の注文は遅いが酒は即決で、その品書きを一瞥、すでに三番目まで決めてあるが、まずは喉を湿らそう。

「生ビール中をください」

「はい、うかがいました」

よしスタートとおしぼりを。T字カウンターと机席一つ。主人と手伝いの二人のみ。ともに女性だ。

腰を細く絞った薄玻璃（うすはり）のビールグラスをつかみ、この柳腰はやはり女性の店だなとよからぬことを考えていて届いたお通しに目を見張った。

上等な塗物の梅小盆に小判皿、蛤皿、細い筒型がちんまりとのり、細筒磁器の精妙な印判はすばらしい。

「これ、いいですねえ」

「あ、それは東寺の弘法市で」

しばらく眺めようやく箸を。卯の花に含めた紫蘇香、薄黄色に緑の酢橘（すだち）一片が美しい滑らかな玉子豆腐、キノコ・アサリ・白味噌に「あと何やったけな」と頰に指をあてる豆乳おひたしは丼一杯もらいたいような力作。しっかり賞味して、そろそろ注文しよう。

「なめろう薬味めかぶ和えと、『羽根屋（はねや）』をお燗でください」

鯵など青魚を叩いて味噌で和える関東の漁師料理〈なめろう〉は頼んで間違いのない品だが、届いた大鉢は全く見たことのないものだった。様々な魚の小片が、浅葱（アサツキ）・はじかみ・ゴマ・生姜・赤い一味などたっぷりの薬味とぬめりのあるメカブでぐいぐいと混ぜられ泡立ち、思わず生つばごくり。「こ、これに入る魚は何々でしゅか？」興奮してうまくしゃべれない。

魚は鯛・ヨコワ・ヤリイカ・ホタルイカ・ホタテの五種。庖丁の入るホタルイカは初めてで、中のワタが味になるとの説明に納得。〝竜宮城、乙姫と腰元の泡踊り〟の如きに陶然となる。

そしてさらに徳利に一驚した。鶴のように首を長くとり、次第に下膨れに安定させた大振り。注ぎ口にわずかな装飾を置いて釉薬をかけ流し、下半分は黒地に金の菊花が精緻な蒔絵のように浮く。これほど格調高く豪華な徳利は見たことがなく「羽根屋煌火(きらび) 純米大吟醸生原酒」はとてもよい酒だが完全に徳利に負けている。これも「弘法さん」で見つけ「一本いくら？」と交渉。「ほなやめとくわ」とひと回りして戻り「二本なら？」。さらにまた戻り「三本は？」。結局二本買い、店で自慢して持ち上げるとするりと抜け落ちて一本を割ってしまったとか。「そんな〜」思わず私も悲鳴だ。

熟考して決めた〈鶏肝スパイスやわらか煮〉は禅味ある割山椒の器に、こっくりとウスターソースが香り「一白水成(いっぱくすいせい)特別純米」のお燗とピタリ。

その日のよいものをどんどん使うのが作風らしい、ならば何が入るのかが楽しみと頼んだ〈本日のかき揚げ〉は、箱膳のような立派な陶台に白紙敷き。川海老・蓮根・

蕗の薹・生姜・こごみ・行者ニンニクと「あと何やったけな」。織りなす赤と緑は春から夏に移る野山。カウンターの見事な山菜に「これどうやって食べようかな」と思案する私を女主人は見ていたのだろう。

その支度は白ポロシャツに細身黒ネクタイ、半袖の白調理着、下は黒のギャルソンエプロンだ。

店主の河本純美さんは料理人をめざして板前修業に入ったがそこは完全な男社会で、名前はもちろん覚えてもらえず、相手にされなかった。毎日壁を背に立っているだけがいたたまれず「お皿を洗わせてください」と言うと「お前、洗いもんできるんか」と言われた。市場に連れられた時、そこの人に「あんた珍しいな、やめんとがんばり」と言われ涙が出た。

なかなかやめない根性を見られてようやく板場に入れてもらえたのだが、鍋の重さに「腕力のないのを痛感」男社会を知った。修業およそ十年、先輩が一年に一回しか触れないような高級食材をやってみろと言われた時は手が震えた。

「この世界に女が入ったのはやや先輩の方が第一世代、私は一・五世代くらいです」。さらに板場修業した女性のオーナー店では第一世代になるのだとか。

独立を決めると、立地が大切と「あんたがやるんか」と言われながら物件を探しに探した。仕度は白い調理着では使用人、白割烹着では愛想優先の女将になる。「その結果がこの服です」と笑い、常連さんが「たしかに女将もママさんも合わん、なんと呼んでいいのかなあ」としみじみ。私の隣の若い女性一人客が、河本さんの人柄に惚れて「もう三年半かよってます」ともらすと「いえ四年半よ」と訂正された。

京割烹の白木ではなく普通のカウンターにしたのがこの店の姿勢を表す。開店の支度を終え南座のライトアップ点灯を見ると、さあ今日もやるぞと身が引き締まる。河本さんはお酒も好きでいま開けたワインをぐいぐい飲む。女性には優しく、男には対等にひるまない、男社会で鍛えられた女っぷりのよさに私も文句なく惚れた。

輝かしき店に乾杯！

京都　むろまち 加地

酒を飲みに京都に来るようになったのは四十五歳を過ぎたころ。遅い京都デビューだ。爾来二十年あまり。次第に回数が増え年に三〜四回か。やはり年齢によるのだろう。冒険したい若いころとちがい、自分になじむ所を奥深く知りたい。絶望的方向音痴の私もどうやらあまり迷わず歩けるようになり、なじみの店もいくつもできた。

初めは居酒屋が見つからなくて苦労した。京都のグルメ案内はいくらでもあるが料理中心の板前カウンターばかりで、品書きから選ぶ楽しみのないおきまりコース料理を粛々といただき、酒を追加すると、まだ飲みはるんですかという顔をされる。出るのは春は筍、夏は鱧、秋は松茸と決まりきったものばかり。何よりも「酒の肴」がなく、京料理は酒飲みにはツマランと思っていた。

しかしそこは酒飲みの勘で、次第に京都にも私に合った居酒屋がたくさんあることを知り、店には不自由しなくなった。そうなると改めて板前カウンターに入りたくなる。もう恐れることはない。京都再デビューをしよう。

烏丸通を西に越えた室町あたりはあまりなじみのない場所だ。通りから退がった板前カウンターの店「むろまち加地」は敷居高い和風ではなく、大きくとったガラス窓から店内の雰囲気が伝わってくる。粋な千鳥の絵の暖簾をくぐって回り込んだカウンターは、すでに客と板前の楽しげな世界が始まっていた。

ここは編集部に教えられた初めての店だ。ビールを頼んでしばらく様子を見よう。まず品書き。

四枚に分かれた「本日の献立」は〈お通し八寸〉〈お造り〉があって「焼物」の〈本日の和風グラタン〉はどういうものだろう。「炊合せ」「蒸し物」に「酒肴」が充実し〈子持ちこんにゃく〉とは何か。「本日の一品」も品数多く〈大人のポテサラ〉も興味をそそる。もちろん京都らしい〈ぐじ桜蒸し〉や、のどぐろ、さらに馬刺しやローストビーフもある。「土鍋ごはん」は、銀シャリご飯・釜揚げしらすご飯・スモークサーモンご飯・竹の子ご飯・竹の子と煮穴子ご飯、なかんずく赤貝ご飯は興味をそそるが〈ご飯二合より〉では一人では無理だ。

皆さんどんなものをと見ると、お造りや鯖寿司を盛り込んで筍の皮を立てた抜き板(俎板(まないた)のような木台)しつらえが豪華だが、一人ではいささか大げさだ。隣の若夫婦らしきがそろそろ食べ終えそうな、小鉢の並ぶめいめいの箱膳は一人の前菜によさそうだ。

「さて、どうしましょ」

私が顔を上げるのを待っていたように板前が声をかけた。隣に「失礼」と声をかけて箱膳をかるく指差した。

「これは〈八寸〉ですか？」

「そうです」

「ではこれと、酒は雪の茅舎をお燗で」

「承知しました」の返事あってお隣が私を見てにっこりした。

「すみません、真似します」

「どうぞどうぞ、これはお値打ちでしたわ」

届いた盛り込み六品は、種類も彩りも皿小鉢も多彩に、さてどれからゆくか。赤いのは〈まぐろヅケ〉で黄色の〈トビ子＝飛魚の卵〉がのる。〈葛豆腐〉には生ウニがたっぷり。フライのようなひと口揚げ物がわからず尋ねると子持ちこんにゃくと言うが、それ自体がわからずさらに訊く。いわく魚の卵を混ぜ込んだこんにゃくで、これは助子（すけこ）の塩漬。そこに胡瓜を射込んでフライに揚げたそうだ。

ざり、さくり、カリ。

点々と魚卵が透けるこんにゃくの真ん中に緑の胡瓜が丸くはまり、全体を茶の衣が包んで、鄙(ひな)びた山家の嫗(おうな)が初春に感じた色気を謡う謡曲の如し（わかりますか⁉）。

「みなおいしいです」

「ありがとうございます、春から夏を意識してみたんですが」

板前の加地さんは大男で大きな手、髭を回したやんちゃ坊主のような明るさが店を楽しくする。

さて注文は何からにしようか。白鉢のグラタンが表面をじゅうじゅうさせて、天火から隣の夫婦に置かれるのを目で追う自分が恥ずかしい。

〈本日の塩焼たい白子ソース〉を頼み「ちょっとお時間いただきます、その間これで」と出された〈大人のポテサラ〉はねっとりしたじゃがいも風味に酒盗など生臭みをきかせた「男六十代の色気・山村聰」、添えた灰色の〈鳥肝煮〉の断面は赤い舌のようにぬらりと濡れて肝の旨みが凝縮した「ニヒルな色悪・田宮二郎」。

お隣のご夫婦は奥様ご懐妊の報告をかねて大阪から墓参に来られたそうだ。「それはおめでとうございます」「ありがとうございます、年齢的にも最後かと」とにっこりする旦那様がうれしそうだ。何かおいしいものをいただいてお祝いにしようと、初めての店だがやってきた。わからないので「一人これで」（と陰で指を八本見せる）とお願いした。先ほどから私が目で追う品は「おまかせ」だったのだ。その一つ「舞鶴本日初出荷」のとり貝をこじ開けるのを見ていて、たまらず「私も」。貝肉は二枚開きではなく、たっぷり肝ワタを抱いたままの「筒切り」で、普通の醤油・炒り酒・肝醤油の三種でいただく。鮮烈にして清純な甘味は、思わず両手を膝に置かせる高潔さがある。

隣の方の最後はあの〈赤貝ご飯〉だった。普通に盛っても茶碗五杯あるそうで、「お一つどうぞ」に、もう遠慮は捨てた。

「ご安産を祈ります」をあとにお二人は帰られた。誕生報告墓参ののち、またここに来られるかも知れない。なるほど、店とはこうしてつきあうのだ。

一人しみじみ、そして「さっきの本日の和風グラタン、ぼくにもね」と注文する私でした。

大阪　ながほり

夕方の明かりがもれる「ながほり」の前に立った。八年前の新開店数日後に来た時から生垣は高く青々と育ち、酒蔵をイメージした白壁に映える。客の気配を感じて格子戸が開き、主人・中村重男さんが白衣白帽で現れ、私とがっちり握手した。玄関の小庭にしゃがんだ中村さんは「この蹲踞（つくばい）に苔がついてきたんですよ」と手を触れ、わが店の成長を思う目になった。

＊

私は一九九三年に『精選・東京の居酒屋』、二〇〇一年に『新精選・東京の居酒屋』を出版後、居酒屋の興味は大阪に移った。意識した最初の取材は一九九三年、雑誌「小説新潮」の「大阪の居酒屋のタコの湯気」だが、気負って出かけたものの大阪ではよい居酒屋を見つけられなかった敗北感の文になった。

しかしその後も大阪行を重ねて探し続け、これが大阪の居酒屋だと最初に実感したのが島之内時代の「ながほり」で、二〇〇三年「小説新潮」に、すでに何度か来ている口調でこう書いている。

〈――派手な化粧のホステスや客引きの黒服がゆきかう宗右衛門町を抜け、島之内の居酒屋「ながほり」に歩いた。「いらっしゃい!」威勢のよい返事が気持ちよいこの店はいま大阪随一のおすすめだ。奥播磨、喜楽長などの銘酒の数々に、最高の素材を使った肴は何を頼んでもまちがいがない。「見てください、この豊後水道のカマス」と丸々太ったみごとな一尾を持ち上げる。よし、それを塩焼に予約して、まずは鯛、鯖、ヒラメ、鰹、アオリイカ、蛸の刺身ひと口盛だ。〉

次いで二〇〇四年『太田和彦の居酒屋味酒覧』第一版には〈輝け!居酒屋実力ナンバーワン〉と題してこう書いている。

〈大阪の居酒屋は、昼間からやってる「明治屋」が必ず行かねばならぬ巡礼地、ちょっと遠い「やまなか」が時々行きたい別荘、そしてこの遅くまでやっている「ながほり」は最後に腰を据える親戚だ。鰻の寝床の一直線カウンター、奥に小さなテーブル席。関西に力点をおいた全国の名酒。この値段でよくと思わせる質の高い素材の料理は車の両輪のように回転する。タイラギ(平貝)のちょい塩焼に泣き、ヒラメの縁側(だけの刺身)に謝り、「天然白身このわた」(鯛昆布〆をこのわたで和えたもの)にバンザーイと立ち上がって叫びたくなった。はっきり言って旨すぎ!主人の中村さんは名刺に「師高倉健」と刷り込む気っぷのいい男。そこに惚れ込ん

だ男女客たちのつくる活気がすばらしい。これこそ大阪の居酒屋の実力だ。このレベルはまだ東京にはありません。〉

中村さんが自分の店「ながほり」を島之内に持ったのは一九八四年、二十七歳の時だ。私はそれから五〜六年後に初めて訪ねたのだろう。探し求めていたものが見つかった興奮で、宿泊ホテルの心斎橋まで歩く途中一人で入ったバーをよく覚えている。

それまでの大阪の居酒屋の印象は、灘の安酒をたこ焼きや串カツで飲むような安直に酔えてナンボか、古くさい浪花の伝統ばかりで、大阪によい居酒屋はないと感じていた。あっただろうがたどり着かなかったと言い訳しておきたいが、東京の居酒屋は知り尽くしたという自負と傲慢、或いは東京的尺度が自分にあったのだろう。

しかし「ながほり」はちがった。刺身は関東には珍しい魚があり、食べればわかる抜群の質。工夫をほどこした料理は、必要なものと不必要なものを厳しく峻別し、こそのポイントはぐいぐい押した力強さがある。さらに西日本の地酒のすばらしさ。大衆酒場は仕方がないとしても、老舗割烹でありながら酒はダメというのが京大阪の印象だったから生き返ったような気持ちになった。すすめられた「奥播磨」をひと口飲み、声高に絶賛すると、中村さんはカンラカンラと笑い「お隣にお座りの方が社長さんです」と紹介し、冷や汗をかいたこともあった。

もちろん大阪は東京とは格上の料理の伝統を持つが「有名割烹○○で修業した」がついて回る所とも思っていた。東京ではあまりそういうことは言わない。話をするようになった中村さんは有名店の出ではなく、いろんな店を三十も転々とした。「どこへ行っても先輩は肝心な所は隠して教えてくれなかった。自分がその立場になったら何でも教えようと決めた」という言葉が心に残った。

大阪に意外にそれまでになかった「銘酒名料理の居酒屋」は、その日の仕事を終えた一流ホテルの料理長など「味のわかる客」が常連になり、料理の幅もどんどん広がった。

順風満帆に見えた「ながほり」に暗雲がさしたのが二〇〇五年のJR宝塚線の事故で、中村さんは片腕である最愛の妻を失った。残された息子は十五歳、高校受験の難しい時期だ。奥様がみていた家庭や学校のこともしなければならない。夜十二時までの営業が看板だったが、終えて深夜二時、三時の帰宅ではそれもできなくなった。私は事故後に弔問のつもりで出かけ、土曜は休みにしたと知り名刺をはさんで来た数日後、東京の私に電話をよこし、苦しい胸の内をあかした。

息子はみごと第一志望に合格。事故から二年が過ぎ、五十歳になった中村さんは心機一転、新しい場所に理想の店を作って出直す決心をした。中村さんの実力と後押し人脈があれば高級割烹を開くこともたやすかっただろう。しかし、座敷の限られた客相手ではなく、誰もが平等に肩を並べて酒料理を楽しむ居酒屋をめざす志は変わらなかった。そして二〇〇七年、この上町に新開店した。

＊

「さあ太田さん、何から」

笑みをたたえて真っ直ぐにこちらを見る中村さんは、苦難を乗り越えた人のみが持つ落ち着いた自信がうかがえ、試してもらいたいものが山ほどあると言いたいようだ。各地の酒蔵から譲り受けた古材を柿渋で仕上げた板壁は重厚な艶になった。その前のカウンター席に座るのがうれしい。

おしのぎに出された、野菜をミキサーにかけて出汁をからませ水を抜き、順に重ねて蒸した〈お野菜いっぱいの玉子蒸し〉は、下から黒（茄子）、黄（かぼちゃ）、白（白アスパラ）、緑（スナップえんどう）、赤（パプリカ）、淡黄（玉子）が層を成す。その薄玻璃ガラスコップの横面は華麗な虹を描いてもはやアート。上層から慎重に木杓子で口に運ぶとそれぞれの野菜が鮮烈だ。

「ウチはお通しがないんで、最初にパッとインパクトあるもんを」

〈キンメ鯛水菜むし　ポン酢ジュレ添え〉は小品ながらしゃりっと繊維の香りすばら

しく、皿を舐めたくなる。

酒にはやはりと頼んだ〈刺身ひとくち盛〉の中村さんの目を凝らした包丁捌きは「魚に命を吹き込む」よう。最後にすり立て山葵を、神棚に打つ柏手のように置いてできあがった角皿は刺身十種。真ん中の主役は舞鶴のとり貝。今の時期でこれ以上の品はないと確信する充実感に満ちる。合わせた酒「松の司」は重量級の味だがちっとも重く感じない。酒はぐいぐい飲んでいるがあまり酔ってゆかないのは、何もかもが純粋だからではないか。

満員の店内は、居酒屋にありがちな酔っ払いは一人もなく、酒料理を楽しむ至福の雰囲気に充ち満ちている。弟子をあごで使うようなことはしない中村さんの下できびきび働く若い衆は、ここの修業が必ず自分のものになると信じた澄んだ目がいい。

月一回、全員を集めて「メニュー会議」を開き、課題を与えて作品を出させ品評する。「若い者も自分で考えないと。自分も三十年でアイデア尽きてきたし」と笑うが、よいものは店のメニューに載る。いまいただいている〈穴子と嵯峨豆腐湯葉はさみ揚げ 海苔ソース〉は課題「湯葉」の作品に「アイデアはよいがソースを工夫しろ」とアドバイスされ店デビューとなった。

中村さんは各地の蔵を訪ねて地酒の造り手の苦心を知ってから、酒も食材もすべて、生産者の思いを伝えることに居酒屋の意味があると考えるようになった。高校、管理栄養士の大学を終えた息子さんは、京都伝統野菜研究会の農家に三か月、秋田比内地鶏生産者に一週間、陶芸に一か月、酒蔵「磯自慢酒造」に八か月の修業に出し、「味吉兆」を経て現在は「ながほり」に入ったところだそうだ。

過日、ある宮様が来店されることになり、座敷ではなくカウンターを希望されたが、さすがに一般客の間にお座りいただくわけにはゆかず、カウンターを貸し切りにした。宮様はたいへん喜ばれ再度の来店を約束したそうだ。宮様が居酒屋に来るようになったのだ。

私はひと言だけ聞いた。

「健さん、亡くなりましたね」

しばらくうつむいた中村さんは面を上げ、すらすらと言った。

「行く道は精進にして、忍びて終わり悔いなし。――健さんの言葉が今後の座右銘です」

名刺の「師高倉健」はべつの俳優が来店したとき出せなくてやめた。懇意にしているNHKの人が「ここに健さんをお連れすることができる」とすすめたが、固辞を通した。

初めて大阪らしい店に出合ったと感じた島之内の小さな居酒屋は、苦難を乗り越え、ついに日本中に比肩するもののない名店となった。中村さんこそ居酒屋の高倉健だ。

私はもう一つ余計なことを言った。

「今度の伊勢志摩サミットで各国首脳が来るかも」

これには答えず、私を真っ直ぐに見て「ふふふ」と笑った。

大阪　酒菜屋 なないろ

大阪島之内。白暖簾を分けて奥へ進むと鉤の手に右に折れ、左に白木風のカウンターが現れた。白帽、白調理着正装にネクタイの二人がにこやかに迎える典型的な板前カウンターだ。

いつものように品書きから。〈まずは／煮椀物／野菜／肴／焼・揚・鍋／〆料理／別腹系〉と分かれ、もう一枚は〈造り〉で産地と魚が列記される。〈造り盛り合わせ〉のメイチ鯛（長崎）、サワラ（島根初もの）、カツオ（気仙沼）、活タコ（淡路）、活穴子焼霜（島根）はまことに艶めいた一級品。充実の地酒は保冷で磐城寿、七本鎗、山形正宗、杉錦など、常温で川亀、弁天娘、旭菊など。羽前白梅を燗で頼むと「いいものにしましたね」と言うようににっこり。特大錫ちろりはかなり重い高級品だ。

カウンター右端の客は盃を手にした老教授風と妙齢女性のカップルで、女性は「わぁおいしい、これも」とはしゃいでご機嫌。左に着席した常連らしきが座るとすぐに注文した、白い小花のついた〈花にらのナムル〉は私にも出ていいてとてもおいしい。

「夏の野菜の花は白か黄色が多いですね」とぽつりとつぶやいて中に立つのは四十一歳と三十八歳の兄弟だ。

兄・貴司さんはかつて魚屋に、弟・雄史さんは韓国料理店に勤め、二人で「酒菜屋なないろ」を始めた。場所は東成区大今里南。

「おっちゃんが早くビール出せやと言うような店でした」

この辺で、そんなにきれいに盛っても人は来ぇへんで、と言われながらも丁寧な仕事は評判になり、「あまから手帖」二〇一〇年二月号は〈たまたま通りがかった場末の客同士肘が当たりそうな安普請の店で、こんな艶めいた造りが出てきた時の衝撃と驚愕と感動と歓喜!〉と書き、タオル鉢巻で明るく笑う二人が写っている。

そこで八年。二年前にここ島之内で念願の板前カウンターを開いた。

「来たばかりは、前の店の常連さんに、出世したやんけと言われました」

場末の安普請であれどよい仕事は客が見つけ、高級になっても客はあとを追って来た。そういう店だがほんの小さく流れるBGMはピンクレディや沢田研二。正面の額〈おかえりなさい」「ただいま」ではじまる味なとき〉は、居酒屋としては格が上がったが、変わらず和(なご)んでもらおうと筆をとったそうだ。玄関に貼った昔の「あまから手帖」記事や、居心地作りは、お客さんに育ててもらった初心忘るべからずの戒めにちがいない。

当店を特徴づけるのは山形庄内の野菜だ。すすめられた真っ赤な〈生フルーツパプリカ〉のオレンジの香りをたたえた純粋無垢な甘味に感嘆する。

前の店で、山形の酒を目当てによく来る山形の客が庄内野菜を送ってくれるようになり、庄内の一級野菜がこんな店に普通にあると評判に。それではと兄弟で現地を訪ねることにした。庄内空港で待ち合わせる農家の方に、551豚まんの紙袋を目印にと伝え無事遭遇。そして訪ねた旅は「発見、また発見」。その多くは、庄内産の野菜や肉を使って瞬く間に日本中の注目を浴びた鶴岡のイタリア料理『アル・ケッチァーノ』と同じ生産者だった。

玄関の〈はっきりした四季と肥沃な大地の恵み庄内野菜〉の大旗の下に置いた分厚いアルバムは、兄弟で食生産現場を訪ねた記録だ。三村さんのだだちゃ豆／石栗さんの原木椎茸／後藤さんの赤ねぎ／坪池さんのからどり芋／静夫さんの式部なす／種屋さん～庄内野菜の父／ハナブサ醤油の佐藤さん／羽前白梅の羽根田さん／玄界灘の製塩所など、きちんと整理された写真は感動を伝えてあまりある。

生産者を訪ねた行脚は、弟ともっと素直な料理を出したいなと話していたものがこれで実現できると確信させた。「こんなこと言うたら怒られますが」名店の料理は作りすぎる、酒も「どうだ」というのを置きすぎる。もっと素朴に生産者の思いを伝えなければいけないという考えに変わった。関西の出汁文化だけに頼らず、食材の豊かさを地元に学ぶのは料理界の新しい流れに沿う。

店内のひときわ立派な額書〈沈潜の風〉は、山形の旅館にあった酒井の殿様の書で知った言葉で、意は明治の政治家・副島種臣が山形人を評した〈目立たず深く沈みながら、いざという時大いなる力を発揮する〉と知って感銘をうけ、書家に揮毫していただいたものという。山形で見つけたのは野菜だけではなかった。場末の安普請に沈潜しているが力をたくわえ、晴舞台に立つ覚悟を見たのかもしれない。

玄関に届いたばかりらしい〈加賀れんこん〉の箱があった。ぜひ食べてみてくださいとすすめられた〈蓮根ステーキ〉は、輪切り二枚をたれ焼きした素朴な料理だが使う皿は高級だ。その深い滋味は〝菩薩の味〟。一緒に頼んだ客たちから「こら凄いわ」「こんなん初めてや」と次々に絶賛の声が上がる。

席はここの実力を知っている客ばかりのようだ。左隣のご夫婦は食べ歩きが趣味で、来週は東京銀座の某高級寿司店に行くという。私はそこに一度入ったことがあり、どうでしたかと聞かれ「寿司はうまいが、客が皆、寿司職人を誉めそやす雰囲気がとても嫌だった」といささか感情的に答えた。東京の客はその店が有名だから来るグルメ気取り。ミシュラン三ツ星店を知っているのが自慢で、自分の舌も、自分の一軒も持っていない、と。

京都、大阪、そして神戸に通い、西の食は「舌の肥えた客が、自分が納得した店に通い続け、他人には教えず、料理人にお世辞など言わない」ことを知った。関西の食い倒れ魂は伊達ではなかった。料理人は修業であれ独学であれ「包丁一本勝負」の潔さが魅了した。私はすっかり西の酒場びいきになった。

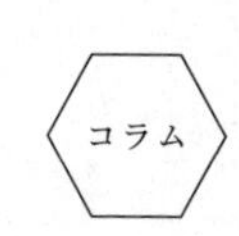

日本居酒屋遺産　阿倍野「明治屋」

二〇〇四年の第一版から、四年ごとに改訂を続けている『太田和彦の居酒屋味酒覧(みしゅらん)』は、昨年末の第四版〈決定版〉から〈名酒〉〈名料理〉〈名居心地〉マークに〈日本居酒屋遺産〉を加え、掲載二〇四店のうち一六店が相当した。古い居酒屋の価値を顕彰し、認識してもらうのが狙いだ。大阪では唯一「明治屋」にマークをつけた。

居酒屋の研究を始めてから古い店の価値に気づいてきた。創業は戦前、遅くとも戦後すぐ。主人が三代目、四代目なら客もまた同じ。店も肴も何も変わらないままに常連を得て続いてきているのは信用の証で、その店にしかない居心地を楽しむことに居酒屋の醍醐味を見るようになった。

そのとき肝要なのは、昔の店舗が風雪を経て生み出してきた風格だ。創業は古くても内装を新しくしてしまえば居酒屋遺産とは言えない。主人と客が何代もかけて作り出してきた居心地は、店の天井や壁、よく酒のしみたカウンターで表され、それを取っ払ってしまえば居心地も消えてなくなる。網代の天井や銘木腰板、黒石洗い出し床など往年の棟梁仕事もあるが、高級割烹が数寄屋建築を自慢するのとはちがう。庶民が日々通える大衆の店で、安物の柱であろうとも毎日毎日拭き磨いてきた結果の凛とした美しさこそ貴く価値がある。古いものを大切に使い続けているのを見ながら飲む酒はうまい。

さらに古い居酒屋は土地柄を色濃く反映していることにも気づいてきた。五十年、六十年と地元の常連を相手にしていれば当然そうなるだろう。グルメだ流行だは全く関係ない。居酒屋はそういうものを味わうところではない。

*

それを求めて、およそ三十年前大阪にやってきたが、安易な肴で灘の安酒を騒いで飲む安直一点張りの店ばかり。古く落ち着いたたたずまいで酒と肴をじっくり愉しむ店は見つけられなく、中心部の繁華街はダメだなとたどり着いたのが阿倍野の「明治屋」だった。

重厚な木造瓦屋根二階家。「酒屋 明治屋」の雄大な右書き扁額。丸い門灯、瓦の魔除け鍾馗、一字「酒」の大暖簾、庇をかぶす吊り看板などは、商都大阪の貫録を静かにたたえていた。さらに店内。やや細幅のカウンターの中には杉白木・青竹タガの四斗樽が座り、その台は永年寄り掛かった主人の尻で丸く減っている。樽脇の棚の紅白座布団に横たわるブロンズの牛は「商売は牛のよだれのように細く長く」と創業初代が置いた縁起物。天井隅に上がる小さな提灯の並ぶ「常富大菩薩」の祠は浪花商道を感じさせる。

カウンター位置は高く、そのぶん椅子も高く、主人が客を見下ろすようにはならない。机席もカウンターに合わせて細長く座も高く、〝居酒屋〟の基本設計を感じさせる。

主役は、四つある漏斗口に一合枡をひっくり返して酒を流し、ややおいて下の蛇口をひねる昔の銅製の循環式燗付器だ。創業以来使っているという薄いガラス徳利の燗酒は甘口でやわらかく、きずし、じゃこ豆、皮くじら、鯛の子煮、だし巻などは東京とはちがう艶冶な味わいだ。店は昼過ぎに開き、表を通る電車のガタゴト音を聞きながら盃を傾ける昼下がりの静謐に、大阪の古い居酒屋にたどりついたのを知った。

*

明治の末に酒屋を始め、昭和十三年に居酒屋になった明治屋に転機が訪れたのは、昭和五十一年から始まった阿倍野筋の再開発計画だ。高層タワーマンションはできたもののサッカー場二つ分ほどの広大な空地を背に、古い建物は孤高の雰囲気になった。

平成二十年、創業七十周年の祝いが済んで間もなく、もの静かだった三代目主人・松本光司さんは亡くなられ、ますます先行きが案じられた。葬儀をすませて奥様と娘の英子さんが細々と再開。お悔やみに訪ねた私に奥様は、松本さんが「太田さんに渡す」と残しておいてくれたという周年祝いの引出物を差し出して涙ぐんだ。

およそ三十年、遅々として進まなかった再開発計画だったが動き出し、店は取り壊して天王寺駅前に新築するモール「あべのウォーク」に入ることになった。そのための休店の少し前、私は店を訪ね「何もかもできるだけ変えないように」と懇願、英子さんも「皆さん、そう言わはります」と言っていたが、かえって高くつきますよと言いかねない工務店がどこまでやるかはまことに心配だった。それは改装して客足が途絶えた居酒屋の失敗例をいくつも知っていたからだ。

平成二十三年四月五日。新開店のすぐあと、不安な気持ちで訪ねた。

もとの丸い門灯、大きな吊り看板、茶暖簾など全く同じ外観のガラス格子戸を開けてわが目を疑った。カウンターも椅子も、机も、天井も、照明も、神棚も、玄関左の大鏡も、二人向かい合わせの小上がりも、四斗樽も、その台につくファンタの栓抜き、寝そべるブロンズ牛まで「寸分たがわず」とはまさにこのこと。目を見張る私ににっこりした英子さんは、内装する工務店に「前と変えたらあかんで」と言いに行った常連や、新店に入るなり泣き出した客が三人いたと笑った。旧店取り壊し中に心配した英子さんが見に行くとカウンターに小さな掻き傷があり、すぐに〈カウンター最重要注意〉の紙を貼った。その傷は目立たないが名誉の負傷ということにした。内装は全く変わらないが、厨房やトイレは最新式清潔に替えた。

休店中、いい機会だと循環式燗付器を、戦前にこれを作った会社に修繕に出したが、合う蛇口がないと断られたとテレビ取材で言うと、見ていたある蛇口職人が「ウチでできるかもしれない」と言ってきた。そのピカピカになった燗付器を操る英子さん、厨房のお母さんの顔がいい。

化粧直しされた燗付器をくぐった酒がはらわたにしみてゆく。どこか酒も喜んでいるようだ。しばらくぶりのきずしの味は寸毫も変わりない。再開店初日にこれを仕込むときはうれしかっただろう。こうして昔のままにまた飲めるうれしさ。天国の光司さん、「明治屋」は不滅でっせ。

*

居酒屋は酒肴だけではない、日々の自分の居場所だ。そこで、うれしい酒も、失意の酒も、好きな女との酒も、ふられた酒も味わって来た人々の列に自分も加わるのが古い居酒屋だ。年齢を経ると新しいものよりも、昔から変わらないものに安心感を覚える。それは自分の過去を否定して消したくないからだ。「古い居酒屋=居酒屋遺産」は、自分の生きてきた人生を肯定してくれる場所なのだ。

割烹

大阪　さか本

およそ三十年も居酒屋を歩いて本もたくさん書いた。

居酒屋のよい所は、酒を片手に値段明記の品書きから好きなものを適当に注文し、いつまでもだらだらしていられるところにある。塩辛一品で酒ばかり飲むのもできなくはない。まず酒ありきだ。

割烹はそうではないようだ。昔入ったカウンター割烹でいきなりお椀が出て困ったことがある。その日最初のビールの前に如何なる液体も喉を通してはいけない、を五十年守ってきた身に、ビール前の汁ものは最大のタブーだ。お得というコース料理がどんどん出て来て酒を味わうひまがない。「どうぞ冷めないうちに」とさりげなく催促され、「早く食べてくれないと次が出せない」というようにも聞こえる。酒を追加すると「まだ飲むんですか」という顔をされ居づらくなる。ネクタイに白衣の調理人は自分の仕事をすすめるだけで、居酒屋の楽しみの一つである主人や女将との会話が生まれる雰囲気ではなかった。最後に出てきたアイスクリームに手をつけることなく席を立ち、ああやっぱり酒飲みには合わんなと後悔したのだった。

しかし私も七十歳。酒量も落ち、居酒屋の喧騒も疲れるようになった。タコブツ、まぐろ納豆、焼油揚もいささか飽きた。さらに一つ。世の中にはもっとうまいものがあるようだ、それを知らずして死ぬのも面白くない。金なら（少しは）ある。いい歳をしていつまでも居酒屋でもあるまい。いや居酒屋好きは一生変わらないだろうが、もう一つ上等な線も知っていたい。慣れれば、居酒屋よりは女性を誘えば来てくれるかもしれない。こちらも人生最後の望みだ。

＊

予約した北新地の割烹「さか本」はビル一階のやや奥、細身の格子戸に常磐緑の暖簾を下げたさりげない店構えだ。コートを脱ぎながら見渡す初めての店内は、机席二つと奥に個室も一つあるが想像したよりは小さい。案内されたカウンター席はご主人の真向かいで、にっこり笑う顔が安心させる。ビールを注文すると主人はすぐさま奥に声をかけ、座って五秒でもうスタートだ。

ふかふかに熱いおしぼりを使って顔を上げた正面は、左右三〜四メートルはありそうな巻紙に〈○月×日 本日の御献立〉と頭書きして墨書品書きがずらりと並ぶ。汁もの・造り・煮もの・変り鉢・焼もの・揚もの・酢もの・野菜・珍味・御飯・デザートに分けられ全七十五品。値段は書かれない。

「どうぞ、お手元にも同じもん置いてます」

ああほんとだ。どんな料理か想像しながら興味津々に読んでゆく。しかしとりあえず何かほしい。

「……お通しは出ますか？」

はい、ただいまと言いながらもう手は動いて支度は始まっている、届いたビールは茶色のマグで、いつもの透明グラスとちがい泡と残量の比がわからないのが不安だが、まずは一杯。届いたお通し小鉢は二つ。

「花ッコリーの胡麻あえと、かぶらと干し柿のなますです」

花ッコリーとは山口県の新野菜だそうで、なますは酢がきき過ぎず、ともにあっさりはスタートに最適だ。

さて注文しなければ。「さか本」は老舗の「㐂川」で修業を重ねて独立した、大阪を代表する割烹であることは知っている。私に敷居は高いが割烹修業の初回にと門を叩くつもりで暖簾をくぐった。初めてゆえ主人のおまかせにしてみたいが、当方は酒を飲み多少の流儀もある。そこで考えてきた台詞を言った。

「このあと酒にしますが料理はおまかせで。東京の者ですので大阪らしい品をぜひ。最初は造りをください」

主人はしっかりと顎を振ってうなずき「関西らしいではなくて、大阪らしいですね」とにっこり。そこまで考えていなかったが、なるほどちがいがあるんだ。では二品ほど用意しますから後はご相談しながらにしましょう、何でも言うてください、となった。

品書きにある酒は〈秋鹿、三千盛、船中八策、菊水、白鷹〉など八種で、手堅いが特徴はない。秋鹿をお燗で注文。さあ出発態勢ができた。「どうぞお選びを」と運ばれた盆の盃は特大から極小まで七個あるが趣味的で、最も基本の磁器平盃がなく、丸い磁器の小振りにしたけれどいかにも女性用で恥ずかしい。居酒屋とは盃がちがうな。徳利は腰低く丸い小さな京徳利でこれも男の手酌には女々しい。

ツイー……おなじみ秋鹿。温度は適切。一杯含んだら落ち着いた。

届いた〈造り〉は右から、尾を残して裸のシラサ海老・サヨリ・真鯛・針イカ・ヨコワ。

「右二つが大阪、中二つが明石、最後のこれだけがすみません九州」という、魚のタイプを変えたすべて異なる食感を、一品ごとに酒で口を洗いつつすすめる。奈良の陶芸家の作という、やや荒々しい風情の俎板皿が刺身の柔肌を引き立てる。最後の箸を置き、満足して今度はぐいっと酒を飲んだ。こんなに瑞々しく清らかな気品のある刺身は食べたことがない。何というか「品格」がある。

これですと水槽から取り出して見せてくれた活シラサ海老はうねうねと大きく、天然ものしかないそうだ。サヨリもこれほど大きいのは行商さんががんばってくれたおかげ、ヨコワはマグロ直前の「ひっさげ」という、左右この位（肩幅以上に両手を広げる）、その真ん中輪切りのところだそうだ。

続く料理、今の刺身の〈シラサ海老頭の塩焼き〉は香ばしさに品があり、〈蓮根まんじゅう〉はあんかけのボリューム感、角皿に合い盛りした小ぶりの〈甘鯛塩焼〉〈穴子胡麻たれ焼〉は一転して焦げ風味よく、生もの、煮もの、焼ものと味の変化が快適だ。「この辺で何か食べたいものおっしゃりまへんか」と声をかけられ、つらつら眺めていた中から〈鯨舌と中国菜〉煮ものを言うと「あ、それお出ししよ思てました」とにっこりされ、次第に主人と打ちとけてきた気分だ。

朱塗りの大椀に緑と白、小さな紅葉麩をあしらったそれはさらにうまかった。大阪おでんを特徴づけるサエズリでしか出せない精のある味が中国菜の歯ごたえにしっかりのって、汁は上品に濃い。ここでふと気がついた、酒が全然進んでいない。ふだんの「一杯含んでひと箸」のリズムは崩れ「食べ」に夢中になっている。

ひと息つき、こういう所はどういう人が来るのか見渡すと、北新地らしくクラブ勤め風女性同伴の紳士もいるけれど、気軽なセーターの若い男女、勤め帰りらしい背広サラリーマン同士と、名店の緊張はあっけないほど感じられず、料理の話をしていないのが慣れている証拠だ。大阪の人に割烹は身近なのだろうか。

カウンター内は主人と、真剣そのものの目つきの板前三人。フロアには見習いらしきが二人。主人はつねにすべての客の料理のすすみ具合を見て脇に小声で「○番、次○○、その次△△」と指示を出し、返事はただ一つ「はい」のみ。時に出汁の小皿を渡して確認をもらう。働くのは男ばかりだ。

「着物のお姐さんがお迎えかと思っていましたが、男っぽいですね」

「ははは、すんまへんが色気なしですわ」

酒もすすんでこちらの口も軽くなる。「おまかせ」を言われるとどうするかを尋ねると、まず三品ほど出して食べる量を確認、話しながら次を組み立ててゆく。料理屋は集まりなどで行く所で全員同じ「季節のコース」の特別な料理だが、割烹は「なんぞうまいもん食べよ」と一人でもひょいと来る所だから客の反応で決める。「料理出してるだけでは半分。お客さんと〝作って〟ナンボです」と「㐂川」の上野修三氏に教わったそうだ。

それからさらに料理はすすんだ。天つゆでいただく〈蓮根カキ衣揚〉、渡り蟹の

〈かに酢〉、〈ビーフ・カツ〉は洋食のカツレツではない完全な大阪料理と思われた。

　そこで一段落。酒を飲むと告げた私に「あとは珍味でゆっくりやってください」と〈サヨリ骨せんべい〉〈自家製うるか〉〈平成二十一年製柚餅子〉をちょこちょこと。居酒屋ならばここからゆっくりになるが、おいしいものの連続で酒の意欲は失せた、というか味覚を使い切った感じになった。いつもはいただかない御飯もの〈むかご御飯・みそ汁・漬物〉、お茶と大きな〈栗渋皮煮〉ですべてを終えた。

　初めての本格割烹は「居酒屋は酒を楽しむところ、割烹は料理を楽しむところ」と平凡にして真っ当な感想に加え、「主人の差配を楽しむ」いわば〝主人も食べてやるところ〟と知った。

　割烹修業には最適のスタートだったか。これから慣れてゆけば、酒も楽しみつつ料理も自在に注文できるようになるかもしれない。男七十歳、これはいいものを見つけた。

大阪　島之内一陽

大阪・島之内。繁華街でもオフィス街でもない暗い通りのビル一階に玄関の小さな灯。路上に置いた店名行灯と品書きがなければ、ここが割烹とはわからないだろう。

店内は木を主体にしたモダン和風。カウンターも正面棚も、白木ではなく赤味をおびた浮草風の板を使うのが落ち着いた感じだ。カウンターの付け台先はステンレス板が油返しのように斜めに奥をカバーする。頭に手拭い巻き、茶の作務衣の男たちが若い主人を中心に立ち働く。

まずは生ビール小グラスで喉を湿して。お通し〈野菜の南京和え〉は、くるみ・むかご・いんげんを、かぼちゃ・辛子・味噌で和えたもの。白地にペルシャ風連続模様が浮き彫りされる丸皿に、黄・黒・緑が混ざり合って小さく盛り立つ姿は南蛮風にエキゾチック。ビールにぴったりだな。カウンターには白い紙折敷。黒い枝炭に銀の針金を細く巻いた箸置きが面白い。

箸を置いて手にした品書きは「○月×日 今日も一日お疲れ様でした。今夜は一陽でどうぞごゆっくりと」と頭書きして「お造り盛り合わせ・焼もの・煮もの・揚もの・ちょっと変わったひとしな・珍味酒肴・ごはんもの」と、およそ七十種が続く。酒の種類はたいへん多く、ワインの解説は詳細だ。日本酒は〈冷酒　八海山・東北泉・早瀬浦・秋鹿・手取川　その他色々あります。一合各七〇〇円〉。手堅い銘柄に一合七百円は安い。〈その他色々〉も興味あるが、そこまで聞かなくてもよいか。

さて、どう注文するか。居酒屋ならば長年の経験からおのずと順序はできている。

——まず季節の刺身。次いで何か和え物、例えば〈青柳と若布のぬた〉。次に焼もの、例えば〈丸干し〉か、大物なら〈鯵〉または〈若狭かれい〉。しかし焦げ風味本位に〈焼油揚〉という手もある。山場は煮魚だが、その前に休憩タイムを入れて、サイドオーダーしておいた〈味噌きゅうり〉か〈エシャレット〉あたりで口をさっぱりさせる。〈白菜漬〉か〈ぬか漬〉、あるいは居酒屋不滅の名品、かつお節をかけた〈オニオンスライス〉通称〈オニスラ〉でもよく、野菜をとらねばという気持ちもある。煮魚は時間がかかるから早めに頼んでおく時間待ちでもある。そして煮魚が終われば場をきれいにして、〈塩辛〉など珍味で酒に専念してゆく——。

しかし割烹は料理の幅が広くそれを楽しみに来た。酒より料理だ。それでは一品ずつ頼み、その結果で次にすすもう。量もわからないしな。よし決まり。

「お造り盛り合わせと、酒は東北泉を燗してください」

「承知しました」

冷酒とあるのを燗にするかなと思ったがＯＫだ。さて、始まり。

〈お造り盛り合せ〉は天然鯛・気仙沼ブリ・剣先イカげそ・加太鯵・三重キハダマグロ・能登赤バイ貝・甘エビとウニ醤油和え。銀杏の葉を同心円に重ね回したような丸皿は、粉引きの枯れた味わいが刺身の新鮮と色合いを強調する。酒の器は、尾長鶏と葡萄を藍でさらりと描いた丸い京徳利で、これはよいものだが、選べる盃は皆ごつく、さてどれで合わせるか……

ツイー……

やっぱり刺身と日本酒はベストマッチ、ワインではこうはゆかない。鯛は刺身の王様、鯵っ食いの私には和歌山・加太の鯵がうれしい。

そこでまたしげしげと品書きを眺めた。私の順番なら和え物だ。面白そうなものを見つけた〈煮いわしごまあえ〉は、黄色い陶器の箱で出され、蓋を開けると小魚の鰯を胡麻で真っ黒に包んだ姿は無愛想だが、地味なものは凝った器でというところだろうか。しっとりした胡麻と鰯は漁師料理のような素朴がいい。

酒を早瀬浦に替えた徳利に目を丸くした。チューリップを細長くしたような形に丸いハンドルと注ぎ口がついた白い洋食器で、なんだか水差しで酒を飲んでいるようで落ち着かない。居酒屋の酒器美学とはセンスがちがうな。

さあ焼魚にゆこう。〈若狭甘鯛焼〉だ。東京には甘鯛はなく、関西に来たら必ず注文する。割烹ならばおおいに期待できる。

まずは見事な焼き肌がすばらしい。胸びれを前に折り返し、いちばんおいしいカマのところはやや焦げを強くしている。よく磨いた黒石のような角皿にあしらった二枚の黄色の落葉は甘鯛の赤を強調する。以後十五分間一心不乱。ああうまかった、見てくれこの白い骨と目玉だけを残してきれいになった皿を。

「おいしいですね」

「ありがとうございます」

細面の主人は仕事にあぶらがのっているようだ。一段落して品書きを読むと、〈和牛ハネシタ肉塩こしょう焼〉〈いちぼ肉ローストビーフ〉〈やわらか牛たんステーキ〉など肉系も多く、〈たら白子カツレツマスタードソース〉〈かきの豆豉クリーム〉などはうまそうで、居酒屋にはこういうものはなく、割烹は幅広いな。

「うちはアラカルトです。料理をいろいろ選んでもらえる楽しみをと。お酒もビール、日本酒、ワイン、焼酎と何でもそろえてます」

居酒屋は日本酒に合う肴を用意するが、割烹は料理と酒の組み合わせはどのようにもどうぞ、なのだろう。

　さて口直し。品のよい淡緑片口の〈セロリとしらす酢の物〉は組み合わせがとてもよい。やっぱり割烹料理は腕が上だな、というか工夫するな。さっぱりして食欲が復活した。揚物〈穴子と蓮根あげだし〉は、丸鉢の両側に大きな団子のような耳がついた不思議な器だ。酒を楽しむにはやや味が過剰か。

　三本めの酒は、荒々しい肌合いに焼いた急須型土瓶で出され、これまた目をぱちくり。磁器に替えてもらった浅い盃は、浪に兎の絵に酒がなみなみと。

　さきほどの〈煮いわしごまあえ〉で、魚に手を加えた品に興味を持ち、さらに〈鰆の香味焼〉も注文。届いたのは白い洋鉢を三つの猫足が立ち上げるこれも不思議な器だ。切り身に卵白を塗り、すべり止め（主人いわく）にいろんな薬味をふるという凝った料理で、その薬味〈青海苔・ケシの実・ごま・カラスミ・豆豉〉のミックスが、あっさりしたサワラを濃厚に包んだ力作に料理の意欲を感じた。

　さてこの辺で何か一つおすすめを聞いてみよう。

「おいしくいただきました。あと一品、何か珍しいものを」

　届いたのは大きな塗りの日月椀だ。

「丹波いのししと水菜、です」。

まだ肉系を食べていない。〆は汁のある椀物をと選んでくれたらしいが、猪とは意外だ。毎年十一月十五日に狩猟解禁になるそうで、鹿よりは上品であっさりした感じ。白髪葱にたっぷりふった山椒が仕事をしている。猪は別名「山鯨」。海の鯨と水菜のお椀は昔から相性なので、その山版かな。割烹は上品なもの、伝統的なものしか扱わないと思っていたが、これは珍しいものをいただいた。

ひと息ついて店を見回す。カウンター端の軽装は若いカップルで、大阪の若い人は割烹に気軽に来るらしい。後ろの六人席は上着を脱いだ会社員風の男ばかり五人、こちらも慣れているようで、仕事帰りにこんな店に来れるとはうらやましい。

「一陽来福」からとったと思っていた店名「一陽」は、主人がある女性書家の方に相談すると、名前「小河原陽一」を聞き「その名前がいい、そこに島之内を添えなさい」と筆をとってくれた。ボリュームのある筆勢はどこかゆらめいて印象的だ。

昔の島之内は花街もある情緒的な町だったので地名を添えてくれたのだが、今は町柄も変わり開店当時は苦労した。しかし次第によい客が常連になってきて、それを頼りに頑張ったと主人は語る。幅広い品書きはその努力のあとかもしれない。

会話を交わすともうしばらく居たくなった。ここで珍味で酒に専念するのも勿体ない、というか今日は食欲がある。肉系さらにいってみよう。選んだのは「ちょっと変わったひと品」にあった〈豚角煮ペキンダック風〉だ。半透明のライスペーパーで角煮を包み畳み、粒マスタードとクレソンを添えたひと皿。もちもちした衣との相性よくボリュームもあってたいへんおいしい。そっと衣をまくって中を見ると白髪葱を抱かせている。

これはもう日本料理ではないな。割烹は日本料理の精髄を味わう所と思っていたが、こだわりなく奔放に自分の料理を展開しているようだ。その自在が若い客を呼んでいるのかもしれない。

ああよくいただいた。居酒屋ではよく食べる方だが、私の酒はスタイルができ、長年のルーティンが決まっていて、加えるのは季節感だけだ。この店の料理の「幅」はよい経験だった。酒器には驚かされたけど。

割烹探訪の二軒め、割烹もいろいろだ。居酒屋党の私としては割烹を居酒屋使いできるようになれば、これは幅が広がる。

「要研究だな」ともう一杯手酌するのでした。

大阪　割烹　味菜（あじさい）

夕闇にクラブや高級バーが華やかに灯をともし始めた北新地。着物やドレスに着飾ったお姉さん方が足早に店に入る。団体観光地となってしまった東京・銀座よりも、都会の夜の妖しい華やかさはこちらに健在だ。目指す「味菜」はどうということもない飲食店ビル一階通路の奥。大阪割烹にここありと知られる店と聞くにはまことにさりげない構えだ。

囲むカウンターと奥には座敷。細く割った黒い古木の間を赤い漆喰で埋めた天井、奥座敷天井の丸竹葺きは長年の艶が光る。上品な数寄屋風を想像していたが、居酒屋のような造りで居酒屋党の私をリラックスさせる。

「おおきに、おいでやす」

前に立つ親方は大柄なれど顔は優しい。

「何かお飲み物は」

「グラスビールを一杯いただいて、あとは酒、お燗で」

「はい、お酒は何がいいですか」

これはうれしい返事だ。料理中心の割烹は酒のことはあまり聞いてこないものと感じていた。フロアの隅に置いた酒の保冷庫も居酒屋感覚。居酒屋党は料理品書きよりもどんな酒を置くのかが先に気になる。その保冷庫を眺めて親方が読み上げた。
「三千盛は…」「岐阜ですね」「浦霞は…」「宮城」「雪の茅舎(ぼうしゃ)」「秋田……お、呉春がある、池田の酒、あれにしよう」「はい、特吟か上撰」「特吟で」「承知しました」。

やれやれひと安心。届いた生ビールをぐーっとやった。私の入店を見てすでに小ボウルで混ぜ始めていたお通し〈エゴマの和え物〉が香り高くおいしい。ビールグラスの空くのを見計らって燗酒が届き、さて始まりの気分だ。

私は居酒屋ではカウンター席に座り、注文以外あまり口をきかないが、割烹は主人と料理談義などしながら、品書きにないものも注文するのが面白みとわかってきた。
「割烹」の「割」は庖丁で捌くこと、「烹」は煮炊きのこと。つまり料理仕事。「割烹」と「料亭」はちがう。ある程度フォーマルな場所である料亭は会合や接待の座敷に数名で使われ、料理は全員が同じものをいただく会席。終わりころに料理長が挨拶に来たりもする。食文化の発達した大阪の旦那衆は決まりきった会席料理に飽き、一人で親方相手に「何がある？　ほなそれで何か作ってや」と注文し、「こらうまい」「今ひとつ」などと批評した。度重なると親方は客の好みも知ってきて、自分からすすめるようにもなり、客は未知の味に目を細くする。「なんぞうまいもんでも食べてゆこか」と、その店を自分のものとして通い、親方は即席を面白がって料理の幅をひろげ、良い腕は食通の間から評判になっていった。したがって品書きは表向き、注文に応えて何でも作ってみせるのが「割烹」であると。

とはいえ、一見でそんなことはできない。居酒屋一人酒の最大の友は品書きで、一杯やりながら考えているのはそれを見ながら「次、何を頼もうかな」だけだ。最初はだいたい刺身。今日もおいしい盛合せ〈ヨコワ・泉州スズキ・明石鯛・針イカ・北海道生ウニ〉で盃を傾けながら、長大な巻紙品書きを読んでいった。

しかしこれに頼らずやってみるか。こちらが酒好きなのはもうわかっただろう。親方も手が空いて、何か仕事させてくれという雰囲気だ。

「春の海山の出合いを和え物で作ってくれませんか、貝が好きです」

「承知しました」

よしとうなずいた格好で早速支度に入り、こちらは酒に専念だ。

専念したがなかなか出てこない。和え物だから混ぜるだけ、すぐに出る気のきいた小鉢を一品くらいに考えていたが。まあいいや。料理仕事を見ていよう。

親方はとても手が大きく指も太く、庖丁が小さく見える。目の前の食材を次々に切り、裏漉ししている苺は誰かのデザートだろうか。いろんな注文を並行してるんだろうな。

　やがて届いたのはお通し程度と思いきや、あっと驚く四品勢ぞろいの大作。筒型小鉢は〈葱・ホタルイカ・浅蜊の辛子酢味噌和え〉、白い波打ち小皿は〈山ウドと鮑の味噌和え〉、皿代わりの筍皮は〈木の芽和え〉、同じく皿代わりの丸い山葵葉には〈芽山葵醬油漬〉。それぞれ異なるしつらえを行儀よくのせた黄色の菱形大皿は、四品の、特に緑を強調してまことに早春の息吹。春に最初に咲く花は黄色という、それを知ってのことだろう。桃色や赤は早過ぎる。

「これは見事ですね！」

「ありがとうございます、ちょっとお待たせしました」

　これは春の酒がすすむぞ。どれからいくか。筒型小鉢の本日初入荷を釜揚げしたというホタルイカはまだ小さいがそこが春だ。白皿の蒸し鮑の肌色は恥ずかしげな色気を見せ、酢味噌の味がちがうのを尋ねると「いちご味噌」で、さっき裏漉ししていたのはこれだった。同じ酢味噌ではつまらないと替えたという酸味甘味は十三歳の春を迎えた乙女か。一方、筍皮に盛った木の芽は鮮烈に目を醒まし、山葵葉に盛る芽山葵醬油漬は、乙女の春などと鼻の下を長くしていた私をぴしゃりと平手打ちする。おお、辛い！

「大満足です、これは何という料理ですか？」

「…そうですねえ〈春の和え物盛合せ〉でしょうか」

それでは面白くないなぁ。

「春過ぎて夏来にけらし白妙の衣干すてふ天の香具山。〈春の香具山〉でいかが？」

「恐れ入ります」

白い皿は乙女の柔肌を包む白妙の衣、山葵醤油漬は山育ち因業オヤジの私です、とは言わなかったが、名割烹ベテラン親方の料理に名をつけるとは……失礼しました。

木の芽和えの木の芽山椒は、初採れの葉を丹念にすり潰していた。

「山椒の木はオスメスがあるんですよ、その両方を合わせています」

へえ。オスは色が、メスは香りがいい。オスで七百円、メスでだいたい二千円ほど。スーパーのはたいていオスで長持ちするが色はまばらとか。そういえば銀杏も雄雌があって実はメスだ。「シシャモはオスがうまい」「そうそう、フグもオス、やっぱり白子がいいですよね」雄雌談義に花が咲く。

素材は産直にこだわり自分で採りにゆく。箕面に会員制の山があり、そこではいつ何を採ってもよい。春の山菜はヨメナ、コシアブラ、タラノメ、ミョウガタケ、アサツキ。山ウドは毎年同じ場所に頭を出し、筍のように根元深く掘り起こす。先日猪が獲れたと電話があり、すぐ出かけるとまだ生かしていて目の前で槍で突いて解体。いい肉だけ残して他は地中に埋めると翌日、動物が処理してくれるそうだ。鹿、熊など獣肉は解体が最もポイントという。

親方は飛騨高山の出身で子どもの頃から山菜やキノコを採り、魚を釣り、グミを食べて育ったと聞き、私はひとひざ乗り出した。

「ぼくの故郷は松本なんですよ」「ほう」

親方も乗り出す。ともに山国の高山と松本は北アルプスをはさんで野麦峠でつながり、大昔から交流が深い。

「松本だったら塩イカご存じでしょう」「もちろん」

「イカのワタ入り丸干しも」「当然」

「あとメギスの一夜干し」「それは知らない」

メギスは鱚に似た日本海の魚だが干物があったのか。海なし県にある松本は日本海の魚が高山経由で入ってきて、正月は塩ブリの切身で年越しをした。ただし高価なそれは羽振りのよかった年でほとんどは塩鮭だった。高山では近所十数軒で丸一本を買って分けたという。先日高山で〈漬物ステーキ〉というものを食べたと言うと「いや、あれは何もないからですよ」と恥ずかしげに照れるのがいい。

　親方は三人兄弟で長男は国家公務員、三男は仕事でほとんど海外駐在、次男の自分は料理人をめざして岐阜・下呂温泉の旅館に入り、本格修業を関東か関西か悩んでいると、親方が大阪の「神田川」を紹介してくれた。見るもの触るもの知らない食材ばかりだったが山菜、キノコだけは自信があった。知ったのは関西の食材の豊かさ。

「関東では二倍の値段になる明石の鯛を普通に使える、それで割烹ができたんでしょう」ときどき関東の店に行くが高いですね、と言うのが皮肉にも聞こえて小気味よい。

今は兄弟三人でたまに実家に集まって飲むのが最高の楽しみという。

　子どものころの夏休みは学校の割当でゲンノショーコ、オオバコ、ドクダミなどの薬草を採らされた。冬休みの薪ストーブ当番は炊きつけの杉葉を持って行った。「秋のイナゴは？」と親方が聞く。

「捕りましたよ」

「炒めるとうまかったですね」

「どこが？　大嫌いだったな」

「あははは、そうですか」

同じ山国育ちで話がはずむ。おっと、酒ありませんねと親方自ら保冷庫に行き「雪の茅舎、あと三分の二あります。大七生酛、これなんかどうですか」「おおそれそれ」「はい、大七生酛、お燗」とすかさず奥に指示を飛ばす。いいムードだなあ。

「さて何か作りますか、今日はカマスがいいです」

「それ！　言おうと思ってたんだ、焼いて」

あがった〈カマス焼〉に舌鼓。

「揚げ物いきませんか？　関西の天ぷらは綿実油で江戸前とはまたちがいますよ。キス、エビ、タラの芽、フキノトウ……」

「それそれ、それくれ」。

私は実感した、割烹は楽しい。これだな。

大阪　北新地　弧柳（こりゅう）

割烹に興味をもった私は、少し勉強しようと『大阪食文化大全』（二〇一〇年・西日本出版社刊）を開いた。

食の盛んな大阪は明治時代後半、すでに屋台形式の腰掛け的な料理屋はあった。大正十三年、森川栄＝向う板（包丁方／割烹の「割」の役割）、塩見安三＝煮方（煮炊き、味付け／割烹の「烹」の役割）の二人が新形式の「浜作」を始めた。

それまでの料理屋は、事前に仕込んだ作り置き料理を、座敷へ順番に出していた。しかしこれでは旨さのタイミングを逃がしてしまう。そのため客を調理現場の台所に引き入れて目の前で過程を見せながら食べさせるカウンターを設け、取り巻く椅子席は板前の手許が見えるように一段高くした。

この椅子で食べさせる「カウンター割烹」は、ハレの料理でありながら座敷の大げさがない気楽さもあって食い道楽の街・大阪で大ヒット。仕事のよい職人は評判を呼び、通人は料理に注文を出し、職人は即席で応える。そこに大阪ならではの客の投げかける話への機知に富んだ受け答え「口あい」（＝客の話題も当意即妙に「料理」してみせる）も腕のうちとなった。東京の客は料理が口に合わなくても文句を言わないが二度と行かない。大阪は小言を言ってまた行く。冷淡よりも、濃い「情」で客が店を育てるのが大阪という。

〈カウンター割烹の真味とは、大阪のハレの味であるだけでなく、大阪人の味でもあるのだ。〉

これにはもちろん地の豊かな食材がある。大阪の内海の瀬戸内は鯛など白身魚に代表される多種多様な魚の宝庫で、河内平野には良質多種の野菜がある。ちなみに東京は東京湾を出れば大きな鮪や鰹の泳ぐ外洋で赤身魚が主流になる。海から離れた京都は鮮魚は望めず、ひと塩してじっくり焼く若狭焼きなどが主役になった。さらに大阪は「天下の台所」に集まってくる北海道の良質な昆布が「出汁文化」を生んだ。

〈京が食材の味を引き立てる淡味とするなら、大阪割烹の味とは深い昆布の味わいが食材の旨さをさらに補い、強い余韻として残る味わい。これが昔から言われてきた、「京の持ち味、浪速の喰い味」なのである。〉

京都は食材の「持つ味」を引き立てる。大阪はさらに味を重ねて「食べ味」を作る。

なるほど、そうか。

――大阪・北新地。予約のとりにくい「弧柳」は、時々顔を出すバー「堂島サンボア」の、ほんの隣の十字路角。ここに有名割烹があるとは気づかなかったのは、ガラスドアから中の見える造りは喫茶店のようだから。ドア脇に置いた春の花、水汲みの青竹筒、盛り塩がわずかに和食料理屋らしさか。

挨拶しておしぼりを使い、開いたメニューの一ページめは大きく「御料理　季節のおまかせ料理一万二千円（税サ別）北新地　弧柳」。次のページは値段明記の酒品書き。別紙の日付入り「御献立　先附・和え物・魚庭(なにわ)・椀物・旬菜・魚肴・猪口・肉肴・留椀・水物」十種はすべて素材産地つきで料理が書かれる。その一つ一つの意味を探りながら読んでいったが、ここはおまかせコース料理だけの割烹。出てきた時にまた見ればいいやと閉じ、酒の注文だ。

ビールは〈ザ・プレミアムモルツマスターズドリーム〉。先附〈柴山港の松葉蟹の蟹みそ掛け・雪の中浅葱(あさつき)・大阪菊菜・富田林の海老芋から揚げ・マジックレッド・菊花〉は、それだけで美味な松葉蟹に蟹味噌を回しかけ、春の浅葱で香味を加えた逸品。和え物〈菜の花・蒟蒻(こんにゃく)・安納芋の辛子豆腐掛け・松の実・ピンクペッパー〉の全体に立ち上る辛みは早春の息吹。どちらも移りゆく季節感が満載だ。

いよいよ酒に移ろう。日本酒十三種は定評ある磯自慢、十四代、醸し人九平次などに加え、通好みの逸品もある。最近気に入りの「大那(だいな)」を燗で頼み、見せられた盃の盆から鶯の絵が派手な九谷焼を選んだ。いつもは白磁にせいぜい藍染めの渋いのを選ぶが、今日は料理が派手らしいから盃もそうしよう。

それからが目を見張った。浅台の塗り黒盆を七台並べ、先ほどから親方と見習い三人が支度していた皿小鉢が次々に配置されてどんどん豪華になってゆく。小鉢だけでなく、飾りの盛り塩に埋め立てた緑の杉葉は名残り雪、橙色の柚子釜に活けた黄水仙は、春の到来の景色か。

届いた燗酒「大那」の徳利は選んだ盃と同じ鶯の絵の九谷だ。選んだ盃をちゃんと見てくれているのは嬉しい心遣いで、酒器にうるさい酒飲みをわかっている。いよいよ盆が完成して客に運ばれると「ほう」と喚声があがる。

「魚庭（なにわ）です、手前から右回りに、明石の平目、大分の関鰤、鳥取のひっさげ……」

割烹通いで若い鮪「よこわ」よりやや大きいのが「ひっさげ」と知った。その赤身と中トロは卵黄醤油が添えられる。関鰤と平目には醤油ともう一つ小皿が。

「こちらは何ですか？」

なんとそれは海水。日本海に海水浴に行ったとき味をみてこれは鯛に合うなと感じ、その後、各地の海水を試したそうだ。海水で食べる平目は塩分は弱いが魚が本来の場に帰ったような味。鰤は醤油が合い、醤油の威力を感じる。しかし海水で食べるとは。

芽葱を添えたみる貝は生海苔胡麻醬油。角笛のような器のあおり烏賊は赤辛み大根の酢橘オイルと、それぞれ調味料がちがう。端の小さなガラス鉢に白濁した液体がある。

「これは何ですか？」

それは「萩の露」の濁り酒で造りの合間に含むとまたよいという。食味のアクセントに酒も使うのか。質問攻めもまた「口あい」。それぞれの魚に合わせた調味料、演出する器、盆景のような盛り込みの〈魚庭（なにわ）〉はまさに魚の饗宴。ため息をつくように箸を置き、盃にかえった。

店の入口ガラス戸から外を行く人が見える。調理場からもつねに外が見えているはずで来客にはすぐ気づくだろう、「割烹」のイメージ、閉じられた奥の院とはちがう軽快さは、想像とちがった。「高級ブティックみたいにしたかったんです、初めはこの辺では珍しい店やなーと言われました」と親方がもらす。

右に折れたカウンターは向かい合って座れるテーブルになり生花が活けられる。カウンターと調理台は仕切り板のない平面続きで、およそ二尺×五尺の超超特大俎板（まないた）にのせた一・五尺×二尺の俎板は生もの専用か。私はその前の特等席で親方の包丁捌きは目の前だ。横に並んでＩＨヒーター二台、煉瓦で囲んだ焼台が続き、背後は油仕事の揚物鍋、湯気を上げる蒸し鍋など仕事場はすべて丸見えだ。「僕はガスっ子で、IHはどうも慣れないんですが、お客さんの前であまり炎を上げるのも」は「晒しの商売」の覚悟だろう。

店を始めるにあたり「水」はずいぶん試した。箕面の野菜を摘む人が山の湧き水も汲んできてくれ、それでないと昆布の出汁が出なく、お茶もおいしくならない。「出汁文化」は水も追求する。

「水」か。酒の合間にさきほどの魚庭(なにわ)のを残しておいた海水を含むと、きっぱりと句読点になり、海水を肴に酒を飲むとは風流だ。

ゆっくり進むコース料理はなかなか満腹にさせない配慮があるようだ。椀物は〈福井県の月の輪熊〉で、熊料理というジャンルはなく工夫を重ね、月の輪熊は使えるが、二回とったヒグマは癖が強過ぎた。味噌ではない澄まし椀が野生を上品にして、これが「喰い味」というものか。

俎板皿の魚肴〈マナガツオの葱ピュレ焼き／河豚白子／人参葉／芽キャベツ〉は豪快たらず女性的たらず、きりりとした歌舞伎役者のような渋味がいい。「料理の着物」という器は若いころからこつこつ集め、古美術「和田」のおばちゃんに「これ買っとき」とずい分面倒をみてもらった。まだ使っていないのも沢山あり、見合う料理との出番が楽しみと顔をほころばす。

二本めの酒「長珍」は落ち着いた藍染めの六角徳利。猪口に盛った珍味〈琵琶湖のアユの稚魚（氷魚）の醤油漬け〉は塩と昆布で揉み込んだ大阪漬という即席の漬物で、ねっとりと大きな氷魚は酒のあてに最高だ。

「これは酒飲みのメニューやなと、よう言われます」

自分も酒飲みなのでそうなるのかもしれないと苦笑、日本酒にあまり関心はなかったのが二十七歳の時に燗酒に開眼し、刺身にはこれしかないと確信したという言葉には全く賛成だ。

手の空いた主人がもらす。ミナミのある店でいただいた野菜の炊き合わせは昔ながらの家庭料理で、派手さはないが作る人の想いが見え自分もやってみたくなった。料理は時代とともに変わってゆくが、自分は昔ながらでやり抜いてみたい。

最後の留椀〈高槻市のキヌヒカリと箕面の山の湧水で炊いたお粥〉を心しずかにいただき、同じ水のお茶になった。その味に、茶道では最後のお茶一杯のためにすべてを用意するという言葉を思い出した。

素材、調理、器、しつらえ。胃袋を刺激する目の前の出来事を楽しむのが割烹、それを支えているのはアーチストの感覚に思えた。

大阪　旬鮮和楽 さな井

大阪・東心斎橋は、居酒屋、たこ焼、焼肉、バー、ワインパブ、中華、韓国、ベトナム、イタリア、スリランカ、タイ、ネパール等々あらゆる飲食店が続き「食いだおれ大阪」のパワーにクラクラする。割烹「さな井」はビル一階の飲食店通路奥の右。格子ガラス戸に抹茶緑の暖簾は「ここか」と思うほどさりげない。

「おこしやす」

玄関戸を開けるとすぐに仕事中の白衣白帽の主人が見えて、迎えの言葉をいただく。上着を預けてカウンター席につき、さほど広くない店内をしばらく見渡す。

柱と腰板は白木、天井は細かな網代(あじろ)、上部が曲線のカウンター端仕切りは貼り竹と簾竹の使い分け。上を丸く切った袖壁は扇形小窓が気がきいている。白木に合わせて土壁もすべて明るいベージュで統一したモダン和風が軽快だ。カウンター上に厨房と仕切るように下げた袖は大きく曲線を描き、食器棚の小窓も扇形。要所に配置した曲線が店の雰囲気をやわらかくする。畳敷きに掘ごたつの小上がりの広い白木卓は居心地がよさそう。壁のさりげない生花が上品。座る椅子の白カバーも清潔に、さあおいしいものをいただく気分を盛り上げる。

「お酒、何しまひょ」

おお、店に見とれて注文を忘れていた。半紙の「お酒のおすすめメニュー」は各地の有名地酒がバランスよく並び、ひれ酒もある。

「はじめに生ビール一杯と、そうだな、『乾坤一』をお燗で」

カウンターに並べ置いた、金蒔絵縁どりの黒漆銘々盆は紙折敷が敷かれ、箸置きは金線で縁取った紅白対の桜花。布コースターは枝垂れ桜に盃の刺繍が愛らしい。お通し〈鯛白子と豆乳ムース〉は枝桜柄の小皿に金縁ガラス器、小花模様の白い陶器スプーンが添えられる。届いた瓢徳利と盃は藍染の総花柄で、男が手にしても華やかさがある。

店の雰囲気も、膳のしつらえも、お通しの味も、女性的感性が行き届いて温和におだやかだ。そうなれば男も関東の武骨真面目よりも、関西のやや頼りなさが女心をくすぐる優男が似合うか。

カウンターの白木の手触りがとてもよい。

「この木は何でしょうか?」「アラスカの松です」

外材はやや抵抗があったが、琵琶や琴などの和楽器を作る職人が持っていた材で、これほど木目のきれいに詰まったものは滅多になく決めたそうだ。

「推定三百五十万」「いやいやそこまでは、でも近いです」

十年毎日磨いてここまで木目が出てきましたとほほ笑む主人は、血色も恰幅もまことに円満なお顔だ。

「さて何しまひょ」

おっとまたしても注文を忘れた。料理品書きは割烹の威圧感をなくすように半紙にさらさらとさりげない。造り・煮物・焼物・揚物・酢の物・酒肴・ご飯物・フルーツ。このごろはやや慣れたか、ざっと一瞥してすぐに候補を決められるようになった。

その心は、（一）お通しが出るから注文は急がなくてもよい。（二）造りから始める＝日本酒に合うのは何といってもこれで、割烹の造りは意地もあってか水準は最高。（三）腕の見せ所は煮物と焼物で、ここは料理の工夫をよく見る。最近の割烹は肉もある。（四）酢の物は季節感が出て大物料理の口替わりに食欲を増す。（五）天ぷらは居酒屋には少なく、割烹はこれで飲めるチャンス。（六）酒肴を独立して書く割烹は酒を飲むことに理解があり、主人の好みが見えて面白い。（七）締めのご飯物は食べなきゃ損。

造り八種から選んだ〈さより・生鳥貝・明石鯛・油目焼霜つくり〉は春のたんぽぽ、

つくしを華麗に描いた絵皿。たいていは料理を引き立てるため、白無地に紺縁取りくらいの皿を選ぶが、ここは遠慮なく派手な絵皿に派手な盛り付けで、女性が歓声をあげる豪華な着物のごとし。男の私とて奇麗なものはきれい。潔癖禁欲ばかりが料理盛り付けではないなと発見した気持ちで、第一なんだか楽しい。

「とてもおいしいですね」「ありがとうございます」「どうしておいしいんですか？」

身もふたもないことを聞いてみると、素材はもちろんですがと続けた。さよりは氷水と酒を合わせた「玉水」にくぐらせる。とり貝は六十度くらいのお湯にくぐらせる。他にコチは湯にさっと通す。アコウは湯洗いする。「刺身に手を入れたものを造りと言います」。なるほど、関東では使わない言葉「造り」の意味を初めて知った。

酒を「一本義」に替えて、煮物〈木積の朝掘筍と鯛の子煮〉はみごとに粒立った鯛の子に筍を寄せて木の芽を重ね、桜形に抜いた人参と蕨一本がアクセントの朱に金の蒔絵椀盛り付けは立体感あふれる。

「鯛の子は関東にはないんですよ」「あ、そうでっか」

なんだか関東の料理がつまらなく思えてくる。熟考した焼物〈鯛頭の醤油焼〉と〈鰆のふきの塔みそ焼〉の合わせ盛りは、白い花と紅い帯が水に流れるこれまた華麗きわまりない皿にうずたかく盛り付けられ、写真を撮りたいほどだ（撮りました）。

そういえば割烹の花形と思い始めた鯛頭も関東ではあまり見なく、関西の魚の王者・鯛も刺身で食べておしまい、それを主人に言う意欲も失せた。

上品に明るい店内に、厨房は家庭の台所のように便利本位と見えるのがほほ笑ましい。揚げ鍋、焼き台、ガス台、蒸し器、板場がコの字に囲む中に立つ主人は飛行機のコックピットさながら、八手観音のごときめまぐるしい働きぶりだ。手伝う女性の一人は盛り付け、一人はお運び。

「料理はお一人でたいへんですね」「いやいや、ぜんぶ一人でできにゃ」

若い者を入れたら二週間で辞めてゆく時代だそうだが、今のこの娘は十年いてくれているともらす。酔ってきた私は彼女に茶々を入れる。

「やめないでね」「はい！」

主人「いざとなったらこのカミさんが頼りです」

「おカミさんよろしく」「あらー、どうかしらね〜」

四人爆笑。どことなく女性を頼りに大切にする雰囲気を感じていたがそうだった。

〈生ほたるいかの石焼〉って何ですか？と聞いて出てきたのは七輪に置いた真っ黒な焼丸石に、魚醬に少し漬けた生ほたるいかを自分でのせて焼く料理で、これは酒飲み泣かせ。海老、いか、貝などでもやるそうだ。

さて天ぷらだ。気さくな主人に疑問に思っていたことを聞いてみよう。

「ぼくは天丼が大好きなんですが、大阪はあまり見ないですね」「そうですな」

大阪はおでん屋と天ぷら屋は引退した芸者さんのやる店と、ちょっと軽く見られ、おでんは普及したが天ぷらはそうならず割烹を中心に生きている。ゆえにポーションが少ない。東京の天丼は海老・穴子をはじめ、季節野菜、かき揚げなどをどっさりと茶色に揚げてうず高く盛って丼つゆをかけ、上等ならば四千円くらいするが、そういう天丼が大阪に少ないのはその通りですと。うどん屋に天丼はあるが、天ぷらうどんの海老二本をご飯にのせただけの貧弱なものだった。

私の言を聞いてかどうか、注文した〈白魚の磯辺巻の天婦羅〉は他にタラの芽、ウド新芽、こごみ、稚鮎も添えた渾身のタワー盛り。ただしそれぞれは小さく、衣たっぷりの大きさが重要な江戸の天ぷらとはちがい、衣は散らすくらいに最小限で具は透けて見え、素揚げのようにさらりと食べられて油負けしない。これが大阪の天ぷらか。

「一品でお腹いっぱいにさせると叱られるんです」

あれこれ食べたい、このあともう一軒行く、それにさしつかえるのだそうだ。でっかい丼で腹いっぱいにして終わりの江戸とはちがうなあ。関東は酒中心の居酒屋文化、関西は料理中心の割烹文化、なんだか見えてきたような気がする。それはまた男が威張る関東の男文化に対し、女性に頼る関西の女文化かもしれない。東京日本橋生まれの谷崎潤一郎は、関西に移り住んで美食と女性崇拝に開眼した。

客の会社員風二人は仕事の話ばかりで来慣れている感じだ。私のあとに来た地味な服装の夫婦らしきは、酒で二、三品いただくと男は先に外へ出て、女性が支払いをすませてあとを追った。食いだおれ大阪。おいしいものをさらりと食べて出て行くような後ろ姿に、めったに来られないのだからと大食いの私は恥ずかしくなった。

だらしない生き方もまた一つの人生と肯定した織田作之助の名作『夫婦善哉』の映画では、甲斐性のない森繁久彌が「なんぞうまいもん食べてこか」と淡島千景に甘え「もう浮気せんと約束するならええで」「するする、あんじょう頼んまっせ」と口先で答え、いそいそと割烹に入ってゆく。いいなあ、大阪。

大阪 なにわ料理有

二〇一四年、東天満に開店した「なにわ料理 有」は、あたりに店などないさりげない通りからやや退げた石床に打ち水、隅に小さな緑植込み、白木数寄屋、白暖簾の端正なたたずまい。玄関脇腰掛けの紅座布団二枚はたばこ盆を間に置いた喫煙席だ。

ここには二度来た。一度めはテレビの旅番組で、ゲストの美人料理先生がご案内する収録。二度めは数か月後のお疲れ会。どちらも相手があり料理に専念できなかった。三度目の今日は一人、存分にいただこう。

「その節はお世話になりました」「いや、こちらこそ、さ、どうぞ」

店は満員。空く時間をまかせて予約がとれた。初めてならば店内をじろじろ観察してしまうが、私はもう知っている（オホン）。前二回はおまかせだったので今日は好みでゆくぞ。いつもの伝でまずはビール。

ビールは近くのアサヒビール吹田工場だけで作っている「スーパードライではない」アサヒビールという。吹き墨鮑碗のお通し〈香川産金針葉、明石産ハリイカの辛子和え〉は若草五月を思わせる白と緑。味はあっさりして嚙み心地のバランスがよい。

クイーと飲み干してもう一杯ほしいが、割烹では早めにビールへの未練を断ち切るのが肝要とわかってきた。

「お酒『貴（たか）』のお燗と造り」「はい、造り何しましょう」

すでに品書きをにらんである。八種から大阪割烹の造りに欠かせない（欠かしたくない）鯛、和歌山すさみの初ガツオだ。大好物とり貝は品書きに別料理があるのでそっちにしよう。あと一つはこれ〈鯨舌・サエズリ〉だ。大阪人は鯨をよく食べ、おでん出汁には欠かせないというが、造りでも食べるとは知らなかった。

造り盛りは源氏香と桜花のやや素朴な皿。鯛とカツオをいただいて、さてサエズリだ。脂の艶で湿潤した紅白まだらの厚切りを口に。もちもちと上品な脂気、歯にまつわるねっとりした嚙み心地、鯨にしかない「業の深い」味は、やんごとなき殿の召し上がる上品な鯛と正反対の、偽悪のヒーロー天一坊か雲霧仁左衛門の「悪」の味。しかし、これがなければ芝居は面白くならない大阪料理の懐の深さ、あるいは癖のあるものを上等にする調理技術。清らかな初カツオ対業腹のサエズリも勝負あった。

白木で統一した店内はまことに清々しく、割烹といえどもモダンも居酒屋風もあると知ってきたが、ここはイメージする割烹に最も近い。よくこれだけの柾目があったと思わせる白木カウンターの端の仕切り袖に、一字「福」の飾り皿がかかる。

「あれは魯山人の福字皿ですか?」「そうです」

修業した「㐂川 有尾」の親方からいただき、この店を造るとき真っ先に置く場所を決めた店のへそともいえる位置だ。カウンター正面白木棚の開けた戸から見える重なる皿が仕事中の雰囲気を作る。下の清潔な白タイルにさりげなく立て掛けた緑の団扇はすぐ近くの「大阪天満宮」だ。仕入れの帰りにあまり知らなかったこのあたりを歩き、川風が心地よく、春には造幣局の「桜の通り抜け」もあるここで店ができたらいいなあと不動産屋にあたると、元うどん屋の物件があって即決めたと言う。自分の店を持とうと一人、仕入れ籠を手におそらくゴム長で歩く姿がいい。割烹は名店修業しようとも独立独歩の商売なのだ。

さて次。品書きで目星をつけた〈とり貝と新玉葱の早煮〉を注文するとやや緊張が走ったようだ。その小碗はすぐに出た。少しおつゆのあるあっさりしたお碗は、黒いとり貝のおそらく煮過ぎると消えるであろう香りと生臭み、同じく白い新玉葱のツンとした辛みとその底の甘みが目が醒めるように渾然とし、放っておくとすぐに消えそうでたちまち食べ切ったが、名残惜しげにまだ箸を持っている。

「これはすばらしいです」「ありがとうございます」

早煮は出汁を使わず味もつけずせいぜい煎り酒くらいの、とり貝から出る出汁と塩分、新玉葱の甘みを勘案した「一瞬の勝負」。入念に作っておく料亭料理とはここがちがう割烹の技で、修業先の親方からこれは逃げ場のない真剣勝負とさんざんしぼられたそうだ。他にも赤貝と九条葱など季節の温かい和え物の感覚で、「よくぞこれを注文してくれました」という表情がみえる。

ちょっとおしのぎに、と出たのは品書きにはないパン。

「パンですね」「パンです」

禅問答ではないが、フランスやイタリア料理の皿の合間をつなぐパンの役割に注目して山椒じゃこ入りのパンを考案。たしかにほんのり塩味は日本酒に合う。

食欲の増した私は先ほどのサエズリが忘れられなく、同じものをどうかと思ったが〈鯨舌と豆腐の土手小鍋〉を注文した。酒は二本めに入っている。

ぐつぐつと煮え立つ耳つき土鍋は渾然と不透明に白っぽく、大量に振った山椒粉が黒い。おそるおそる匙でひと口。

むう……

私は漫画『美味しんぼ』の、北大路魯山人がモデルとおぼしき食通権威・海原雄山を真似して、何か食べると勿体ぶって「むう」と言っていたが（笑）、久しぶりに出た。純朴にして老獪、繊細にして非道。噛み切れる限界にくにゅくにゅしたサエズリの出汁は豆腐に存分に現れ、白味噌と信州味噌の合わせにわずかな笹掻き牛蒡と舞茸が野趣を加えて、味のためならどこまでも、これぞ大阪の「喰い味」か。

「サエズリはこっちも食べなきゃうそですね～」「その通りです」

鯨がなかったら「なにわ料理」はありえない。また同じ素材のものをもう一品頼むのを「おかわり」と言って、料理人には最高の誉め言葉なのだそうだ。なにわ料理は、天下の台所に集まるあらゆる素材を料理してみせる自負の言葉。それは肉もパンもグラタンもビフカツも。また、食材を使い尽くす「始末の心」も示す。

勢いづいた親方は「これいってみませんか」と〈能勢クレソンと河内鴨の沢煮椀〉をすすめた。酒本位の私は汁物は敬遠しているがこちらも勢いがついた。

届いた椀の蓋を取ると緑の生クレソンがぎゅう詰めでぶぶあられが散り、土瓶で出汁が添えられる。クレソンに出汁をかけた瞬間に立ち上がる香りを客に味わってほしいと分けて出す方法を考えたとか。それでは。

するするとかけまわした春の野辺の小川の香りは山国信州育ちの私にはよくわかる。しんなりしたクレソンの野生の辛み、下に沈んでいた鴨は熱い出汁で生気を取り戻し、隠しの山葵がピリリと顔を出し、出汁は葛打ちで少しも冷めてゆかない。全体が濃い味にならない寸止めにして素材に気づかせるのはここの料理の特徴かもしれない。

私はつくづく感心した。割烹とはたいしたものだ。素材のよさはもちろん生かしつつ、或いはより引き出し、さらに素材の旨さだけではない創作にもってゆく。「余計なことはしないでいい」と言う人はよくいるが、わからなくても余計なことはいくらでもしてある。

長い居酒屋派の私は、居酒屋の品書きは飽きるほど熟知し頼む品は決まっている。酒を飲むのにいまさらそれを変えるつもりはないが、割烹は自分の好きなものはもちろん注文したうえで、さらに未知の品を試せる。気づけば当たり前のことで恥ずかしいが割烹には居酒屋にない品が山ほどあり、さらに料理の個性もある。割烹は盃を手に主人の「作品」を楽しむところだ。

親方を軸に若いのが三人。一人はまだ中に入れずフロアで注文うかがい役。中の二人はたまに親方に手の甲で味をみてもらい、秘密めいた四つの壺から何か足す。客は場所柄か身なりでわかる上客ばかり。奥にはＶＩＰ室のごとき小間も。

それからあとは、すすめられるまま、興味のわくままにいただいた。

〈びわ湖の本もろこ甘露煮〉はべたつかずに上品。割烹は焼物を頼まなきゃ損、の私が頼んだ〈目板かれい梅だれ焼〉のかれいは、白いペーパーで包んだ一尾をツンとつつくとピンと反り返る。

「こうして活けを自慢できるのもカウンター割烹の誇りなんですよ」

それをなんと皮・身・骨に五枚おろし。姿の一尾を梅だれで焼くのかと思っていたがそうではないようだ。届いたのは縁側の小骨まで精密に残した中骨の素揚げだ。

パリ……

うまい、香ばしいが油くさくない、合わせた梅だれの香りは近くの大阪天満宮の梅園を意識したか。あるとき「焼魚食べたい」という若い娘にかれいをすすめると「骨があるからイヤ」と言われ、それなら骨を食べさせてやれとこれを出すと「次からは骨だけちょうだい」と言われたと苦笑する。

念願の自分の店を持った覇気に満ちた壮年の顔がいい。私の本業のデザインは、マスターした基礎技術を駆使する「創作」＝クリエイトが命だ。親方の顔がクリエイターに見え、私は同業意識を感じてしまった。

京都　たん熊北店 京都本店

初夏の京都、高瀬の流れがくちなしの花の甘い香りをはこぶ。「八之舟入通り」に進む小さな石橋「紙屋橋」を渡ると、京料理笹巻ずし「瓢正」、素人料理おでん「おとみ」、KITCHEN「洋のれん」と小さな店が続く小路は、京都でも観光らしさがないゆえに敷居を高く感じる。河原町と先斗町をつなぐ近道でもあり、黒板壁にすだれの二階座敷、白く短い暖簾、何気ないが洗練された構えに、つねづねここが名高い割烹「たん熊」かと見上げていたが、そこに入る日が来るとは思っていなかった。

かるく襟を正し、打ち水された玄関の戸を開けると奥は式台。座敷の客であればここをすすみ、畳に座る仲居さんに三つ指で迎えられて履物を脱ぎ二階に案内されるのだろう。

「ごめんください」

「おこしやす」

左方からさりげなく迎えたのは夏の水色着物に白割烹着の仲居さんだ。気がつかなかったが玄関間の左は八席ばかりのカウンターだ。そちらに案内されて端に座った。

「おこしやす」

立つのはネクタイに白衣白帽、料理人正装の堂々たる体格に細眼鏡、大学教授か会社の創業家重役のような品よく知的な風貌の方だ。名を言って挨拶すると名刺をいただいた。

いきなり品選びして注文するのも気がひける。ビールをお願いして口を開いた。

「店のお名前は知っていましたが初めてです。こちらの創業はいつですか」

「祖父が始めたんは昭和三年ですが……そうだ、あれがあったな」

奥から持ってきた写真は、祖父を中に父と息子が正座する昭和四十八年の写真だ。

三人とも仕事中の白衣で、後ろに中腰の懇意客数人が記念に撮ったものらしい。

「右端のパーマ頭が十六歳の私ですわ」

まだ初々しい顔には、息子や孫のそれというよりは料理人見習いの緊張がみえる。

金縁ガラス皿の〈夏野菜ゼリー寄せ〉は、黒い茄子、浅黄のズッキーニ、赤いパプリカ、薄緑の冬瓜などを角切りして寄せ固め、上に赤いカニ身と生雲丹を置いて紫の穂紫蘇の花を散らし、最後にあしらった薄切りオクラの緑の星型がアクセントだ。現代アートのように美しい姿は箸でくずすのは惜しいが、そうしなければいただけない。夏野菜と海の華の出合いはしっかり出汁のきいたゼリーで一体化して、「おいしいですね」と言うのも陳腐なようでためらわれる。

　小半紙の品書きは、珍味、造り、吸物、焼物、冷し物、酢物、焚合、油物、蒸物、御飯と分けられ、鮎焼、胡麻豆腐、もずく酢、野菜煮のような率直な品名ばかりで「何々を何々で何々した」のような目新しさはない。しかし多少割烹経験を経た私には、品書きを書けと言われればこうなりますがこの材で何でも作ってみせます、という基本一覧のようだ。

「酒を飲みますので、造りを」

「はい、何しましょ」

「スズキとオコゼ。鱧は落としと焼霜の両方で」

「はい」と答えると同時に後ろに控えた調理人三人が同時に動き、魚、皿、添えるつまを用意し始めた。

　主人・栗栖(くりす)正博さんの手にする庖丁の刀身は顔も映るピカピカだ。スズキが終わって、どさりと置いた黒いオコゼ一尾はぐにゃぐにゃしていかにも切り捌きがややこしそうだが、あごを割り、皮を引き、ようやく形になった白身を半透明の薄造りに引いてゆく。厚い出刃、身卸、柳刃、向こうに押し出すようにギシギシと骨切りを始めた大きな鱧切り庖丁も、すべて「有次主人」の銘が刻まれる。

「庖丁がすごいですね」

「まあ、そうですね」

料理庖丁には鋼(はがね)をはさんだものもあるが、店のはすべて鋼だけの「真鍛造」で持ち主銘が刻まれ、「おい、それ見せて」と受け取った弟子のにはその人の名があった。庖丁は「研ぐ」と「磨く」の両方を日々行うという。飲んでいる京都地酒「玉乃光」に使う燗ちろりはこれも「有次」の、銅の内側を錫塗りした最高品だ。

「玉器佳堂」と字の入る見るからに上等な藍皿につんもりと高いスズキを、扇のようにオコゼの薄造りが囲む。つま飾りの、酢橘(すだち)薄切りの緑の皮をくるりと剝いて端を結ぶのはたまに見るが、胡瓜を手つき桶に細工した中におろし山葵を盛るのは初めてだ。造りは〈活け〉が肝心で、明石の「かつぎ」さんの運ぶ品への厚い信頼があるという。さらにオコゼの肝や胃袋をもみじおろしで味わう。

私の期待は「鱧」だ。夏の京都の代表と言われる鱧は何度かいただいたが、それほどのものかという印象があり、この割烹でその鱧問題に決着をつけよう。

骨切りを終えた白身は湯通しして氷水で冷やし、すぐ上げる。およそ五十センチと長い金串を何本も打って炙る焼霜は、表面に焦げ目の斑点がつくと素早く串を抜き、すでに用意された大きな角切り氷塊にじかに押し当てて冷やす。バー好きの私はいつもバーテンダーの扱う氷をじっと見ているが、この完全透明氷は最高級だ。京都は氷屋が多く、いつ電話してもすぐ届き、それを店の氷専用冷凍庫でさらに締める。

さあできた。氷鉢に蕗葉を敷きのせた鱧には、これも胡瓜細工の青もみじと雨蛙をあしらう。蛙にはご丁寧に黒胡麻粒で目を作ってある。朝顔状が三つくっついた「胡瓜のわさび台／水玉胡瓜」にはおろし山葵、赤紫蘇を盛る。濡れた緑は夏の皿に涼味とユーモアまで添える。細工物は龍の頭などいくらでもあるが最近はあまりやらなくなったそうだ。

鱧に添えた小皿三種は梅肉、ぽん酢、醤油。神妙にいただいた私は鱧の味を知った。その醍醐味は精気にあり、「落とし」にはぽん酢、「焼霜」には山葵醤油が好みだ。田舎者を承知でそう言うと「それで三つ用意させてもろてます」とからからと笑う。

「梅肉は酒の肴に最高ですね」「これはめんどうな品で、それだけくれというお客はんが時々いますが断ってますわ」と苦笑だ。明石のよい鱧は「大阪を素通りして」まず京都の祇園祭に届け、「それが終わってから」一週後に大阪の天神祭に行くとかで、鱧は京都の矜持を感じる。

リラックスしてきた私は率直な質問をした。

「京料理とはどういうものですか？」

京料理の「京」は京都ではなく「都」のこと。はじまりは平安時代にさかのぼり、中国から渡来した食席は大饗料理として大机（台盤）に品を並べていたが、それが一人の据え膳になったころから日本独自の「生」を尊ぶ料理が生まれ始め、有職料理、本膳料理、懐石料理と、都人の「宮廷料理」として発展した。色が大切で「赤・青・黄・白・黒」の五色が基本。例えばカボチャも緑と黄がまだらになるよう「霞みに剝く」。味がよいだけではおもてなし料理にならず「彩りと香り」が必要で、もちろん器もまた。京都造形芸術大学で「日本料理と京料理」の演習も持つ栗栖さんは、第一印象「大学教授または創業家重役」の両方だった。

手洗いに立ったとき玄関間をしばらく眺めた。式台まで続く石畳の美的な配置、杉板の舟底天井、京壁の裾は腰板貼りして自然石組みが支え、柱はすべて細い天然丸柱で礎石に立つ。剛直と正反対の軽快な洗練は、関東の数寄屋とも、大阪の個性とも違う茶室好みで、格式のある粋はこちらの趣味教養も見られているようだ。

この構えは、本式はやはり座敷にあり、玄関脇の寄り付きカウンターはあくまで店主相手に気軽に飲食する場所、つまりはカウンター割烹の本来と思わせた。格式ある料亭だがここでは気楽にしてくださいというように伏見稲荷祠に並ぶ小房のさがる小さな赤提灯はひいき筋のもので、筆頭は裏千家、続いて有名企業、やがて個人名も。

先斗町をはじめ勢ぞろいする芸妓団扇がいかにも京都の雰囲気を作る。「この席で店主を相手に」に意味がある。「たん熊北店」は京都らしくお茶屋の仕出しも常にあり、二階座敷の大勢さんや関連店への出前も含め、常に五十人、百人の料理が同時進行して料理人も十数人を数える。さらに大阪や神戸、東京などにいくつも支店もある。でありながらその全体を指揮する総帥代表取締役・栗栖さんの定位置はこのカウンター前だ。八席あるが、白カバーの椅子は互いの肩が触れぬよう座るのは七人までとし、同伴の舞妓さんに気を使いながら好みやわがままを聞いて、一人のための料理を自らの庖丁で仕上げてゆくカウンター仕事をやめるつもりはない。逆に客は総料理長を独占できるわけだ。

さてもう一品。鳥獣戯画の薄紙を貼った飛騨こんろに網をのせた〈和牛網焼〉は、厚い角切り肉を裏表縦横と均等に炙り、刺身庖丁で引き、山葵醤油でいただくのは肉なれども全くの日本料理だ。焼けるまでのおしのぎにと出されたガラス鉢の〈冷やし野菜〉は、品書きにこういうものがあるかはわからなく、即席かもしれない。

最後の〈煮魚〉はキンメダイ。「身、頭、どうしまひょ」「頭」。その特大を大出刃でメリメリと二つに割り、手で目方を量って選び、丁寧な小骨抜きに入った。「お好みがわかりませんので中庸で」という味付けはまことに上品。この店で好みを憶えてもらえれば一流の客か。添えた冬瓜は、これだけは緑が発色するよう銅鍋で煮る。たたき牛蒡は縦切りを包丁の平で叩く。鯛の鮮紅、冬瓜の薄緑、土色の牛蒡、濃緑の木の芽山椒は一服の日本画になっていた。

格式と洗練。やわらかな粋。熊や鯨などには目も向けない正統料理。主人のおおらかな品。料理人のこまやかな動き。最もスタンダードな割烹は自分をワンランク上げてくれたような気がした。

京都　祇園おかだ

祇園、紅殼色（ベンガラ）が華やかな「一力亭」から入った花見小路は、京都一の観光スポットとして昼は往来する見物人でいっぱいだ。舞妓さんが通ると取り囲み、着物にさわったりの外国人観光客のマナーの悪さに、イラストの注意看板も立つようになった。

しかし東筋へ入ったお茶屋街は、こわごわ足を踏み入れてもたいていはすぐに戻って来る。こちらは敷居の高い、関係ないところという気持ちがそれ以上をひるませるのだろう。よって、昼の花見小路なんか行かないよと、夕暮れに勝手知ったる風に茶屋街に入ってゆく気持ちよさ。お上（のぼ）りさんじゃないんだから。

――という「気持ち」で私も。

電柱や街灯などの全くない洗練された石畳の通りに、二階にすだれを下ろして左右に続くお茶屋は、昼間は全くひと気はないが、夕暮れて灯がともると家全体が大きな行灯（あんどん）のようになり、さらに営業開始を知らせる置行灯が玄関を明るくする眺めはまことに美しい。昔は貸席のお茶屋のみだったが最近は、構えはそのままに料理屋にしたところも多く、フレンチやバーもあるそうだ。「祇園　おかだ」はそんな筋の一軒。白暖簾の中二枚をはねあげ、玄関戸を半開きにして招き入れる風情だ。

しかし初めて入る京都祇園の割烹、もとより敷居は高い。いつまで外で眺めていても始まらなく意を決し、玄関から一つ奥の白木格子戸を開けた。

「ごめんください、予約の……」

「おこしやす、おおきに」

そこはすぐにカウンターで、早くも満員に客がとりついて酒を飲んでいる。上着を脱いだ男が多く、私の行き慣れた居酒屋の雰囲気とあまり変わらないが、カウンターや障子などはいかにも上等な白木で明るく洗練されている。案内されたのは「く」の字に斜めに折れたカウンターの端席。飾る奥村土牛ふうの舞妓さんの絵が、ぴたりご当地だ。

とりあえずビールを頼んで料理を知ろう。品書きは構えることなく横長透明ケースにはさまれて目の前にちょんと置かれ見やすい。三段びっしりの上品な筆書は、前菜二十三種、造り三十一種、煮物二十三種、焼物十六種、揚物十六種とたいへん多く(数えました)、飯麵物二十余種は、むしずし、おこわ、小丼、にゅうめん、すっぽんうどん、お茶漬け・ぞうすい各種、さらにお寿司は、とろ、たい、穴子から梅しそ、てっか、なっとう巻まで寿司屋と変わらない。カウンター上には小黒板に「本日のおすすめ」として天然鯛、活とり貝、海水うに、若あゆ、くじらベーコンなど十五種ほどが書かれる。……これはどうにでもなるな。どうにでもなるこちら次第。さてどこから攻めるか。

「お酒はどうしましょう」

大忙しのカウンターに声をかけかねていたが、主人が私の座る前まで聞きに来てくれた。忙しくても主人が客への最初の声がけをするのはうれしい迎えだ。酒はすぐに選べる。

「浪の音純米吟醸、お造りは鯛にとり貝」

「はい、お酒は燗しますか？　常温で？」

これはよい問いだ。居酒屋でも酒を注文すると「冷やでいいですか」が関の山だ。いつのまにか日本酒は保冷庫から瓶を出して注ぐだけのものになってしまった。燗を心得ているという安心感を得て、今は夏、とりあえず冷たいのでいこう。

「常温で願います」

「はい、ただいまご用意します」

さぁ始めるぞ。〈白ばい貝・アスパラ・雲丹・ずんだ（枝豆）和え〉それぞれ少しずつを重ねたお通しは緑中心にさっぱりとスターターに最適、ビールをぐーっと飲み干した。

仲居の娘さんがお盆で持って来た盃各種は一見してよいものばかり。酒器にうるさい私は、割烹のそれは妙に凝りすぎたり無粋なぐい飲みだったり、酒を知らないなと感じていた。しかしここは白磁平盃がほとんどで、選んだ上品な瓢柄は盃コレクターの私も加えたい平明な品だ。袴(はかま)に落ち着く徳利はあっさりした細縞柄の白磁京徳利。一対の姿は「たいそうなもん、つこてまへんえ」と〝舞妓はんがお酌するのにぴったり〟のまことに肩の力の抜けた粋だ。これはいいぞ。さらに最初の一杯は主人自身がカウンター越しに酌してくれて恐縮だ。

その酒は「冷や」ではなく正しい「常温」だった。常温は、名酒だ吟醸だとおおげさにしない平明な落ち着きのよさ、本当の日本酒好きはこれだ。うーむ、やるなあ。

合盛りを想像した造りはまず〈活とり貝〉が角皿で。いま剝いていた本場舞鶴産はフレッシュに甘く、添えた醬油と粗塩は断然、粗塩の勝ち。同様、紅葉皿の〈天然たい〉も藻塩の勝ち。醬油って下品だなあと関東の醬油好きがひとりごちる。〈たこ柔煮〉は丸皿に大胆なぶつ切り。蛸の卵も添えて、緑の冬瓜、オクラのジュレが夏らしく、全体にとろ味の出汁がかかり、醬油くささがないのに濃厚な味はあたかも「夏の年増の色気」。これは関西の、いや京都祇園の味か。

ひと息ついて見る店の活気がすばらしい。主人は先頭に立って働き、若い衆もそれぞれの役割を心得てどんどんすすめる。奥では超太い太巻きを両掌でぎしぎしとすだれ巻きしている。祇園ゆえお茶屋仕出しが欠かせず、今現在は十の茶屋に五十人分の料理が進行中、それを七人でまかなっているそうだ。祇園をはじめとする花街は「三業」貸席（お茶屋）・検番（芸妓）・仕出し（料理屋）で支えられている。その一角で盃を傾ける気持ちの華やぎがいい。主人はカウンター客への酌もしながら、〈若あゆ塩焼き〉を、レンジではなくガス台で、小鮎の全身に熱が回るよう直接手加減して回し焙り、たまらず私も注文。今年の初鮎は滋賀県安曇川産となった。

さて燗酒にしよう。高知「美丈夫」の特別純米夏酒、燗具合はややぬるめに適切。これで一杯やっててくださいと出された〈もろこしかき揚げ〉はさくさくと「夏こそてんぷら」を実感だ。

あらためて品書きをしみじみ眺めた。酒の肴の大全集のごとき品の数々は、ここに座れば全く不自由しないだろう。目の前に来た主人と話したい。

「祇園の有名割烹に気後れしてましたが、居酒屋好きの私でもまことに居心地がいいです」

「いやいや、うちは居酒屋です」

その口調は「きっぱり」。次いで「ただし、ちょっとお高いですが」と笑わせる人柄のよさ。品書きに値段は書いてなく、ちなみに「おまかせ」は八千円から、その内容は最後の食事まで入った充実だろう。

私は値段のない品書きに慣れてきた。名のある店は信用もあって、とんでもないことなどあり得ない。第一ここの繁盛がその証拠で予約に苦労した。それよりも私も、はや七十歳。居酒屋好きではあるけれど、一生そればかりでもあるまい。もう値段なんか気にせず、好きなものを注文してもよいではないかという考えに変わった。道楽だ。人生だ。

あとどのくらいいただけるかなの気持ちで再び料理品書きをにらみ、徳利を上げた。

「すみません、もう一本」

これにしてみませんかと、主人がカウンター越しに渡す盃は唐津風の陶器で、盃は磁器派の私でもわかる風格ある平盃だ。奈良の陶芸家・辻村史朗氏の作という。

「祇園サンボアの暖簾の字を書いた方です」

そうか、あれか。この近くのバー・祇園サンボアは京都に来たら必ず寄る行きつけで、小さな白暖簾は作家・山口瞳の筆だったが、だいぶ年期がたって引退させ額装展示。新しいのは陶芸家の方の揮毫とだけ聞いていた。

主人は私がしきりに盃を愛でて飲むので、いつもは使わない箱を開けたと言う。薄い平盃は細縁のほんのわずかな切れが面白く、枯れた粋は祇園に通い慣れた老人のごとし。これは慎重に扱わなければ。

ツイー……

酒はよく知る京都地酒「蒼空(そうくう)」。よい盃は酒味をよくする。これは本格的な酒席になってきたぞ。

最初の造りが忘れられず頼んだ〈赤貝ぬた〉は、ザラ味のある焦げ茶の浅鉢に赤緑美しく上品。出された料理のすべての皿は同じものがなく、料理七分・皿三分ほどの主張で姿を完成させる。私は皿も充分楽しんだ。好物の穴子は夏の今がおいしい。もう一品と念のためのようにとった〈あぶり穴子〉は、今度はレンジで上下させながらじっくり焙る。海に泳ぐ穴子を表すように波頭模様が縁を一周する藍染め長方形皿に、茶の焼穴子、黒の焼海苔、緑のきゅうり千切り、深緑の粒山椒が平等に並ぶ。

「包んでいただくとまたよろしでんな」

それでは。

穴子にきゅうりは付き物。海苔でぱりっと巻いた「穴きゅう」に粒山椒がひりりときき、まさに主役・色役・仇役が揃い踏みした御当地南座歌舞伎大見得のごとし。

私は感服した。祇園にあって居酒屋感覚で使えるこの店に通おうと思い始めていたが、これは素材も見栄えも、考え方も到底居酒屋あたりではできない料理だ。飲み慣れたはずの酒がこんなにうまいものになるか。割烹もいろいろだ。飾り気なく「うちは居酒屋です」と謙遜する主人に私は友情を感じてきた。

あとは名残り。真っ白な俎板皿の〈焼唐墨餅〉、木の蒸篭の〈鱧むしずし〉は沈黙して味わった。最後のお茶を含み「全部おいしかったです」と言う私に、主人はうれしそうに笑った。

京都　炭火割烹　いふき

祇園花見小路を東に入って続くお茶屋の玄関には、古い金属の標識「京公許第〇〇号　お茶屋」が打ちつけられ、祇園甲部の紋付きでフク愛、だん佑、だん香などの表札がかかる。京都五花街、祇園甲部・祇園東・宮川町・先斗町・上七軒にはそれぞれ紋があって、ここ祇園甲部は「甲」の字を赤い団子八つが囲む。花街紋の入る丸提灯は京都を代表する情緒だ。

今から入る「炭火割烹　いふき」はお茶屋泉政、お茶屋枡梅にはさまれ、筋向かいは先日入った「祇園　おかだ」。取材のためとはいえ、短期間に祇園の割烹をはしごするとは豪勢だ。真っ白な暖簾を分けて玄関へ。

「ごめんください」

「おおきに、おこしやす」

玄関式台で履物を脱いで上がる割烹は初めてだ。夏とはいえ裸足に革サンダルで来てしまってちょっと恥ずかしいが、脱いだ履物をそろえるのは仲居さんの仕事で、男が座敷に上がるときは、ためらわずにすいと脱ぎ捨てるものと聞いていたのでそのように。

玄関の畳から足を運んだ広い部屋の、素足の裏にあたる木の床が気持ちよい。中央の歩きそうな所はざらりと名栗に仕上げ、他は平面と、足裏感覚（？）を計算している。和室だからスリッパはなく、それが嫌いな私にはうれしい。カウンター席の足下には、健康踏み竹よろしく半割り丸太が置かれて、これもいい。よし、足裏合格とへんな所で満足する。

案内されたL字カウンターの短い側から見る、すっきりと長い白木一本カウンターがすばらしい。幅は広からず狭からず。しかし部屋真ん中に立つ大黒柱にはわずか一センチほど食い込ませ、ゆずれないこだわりを感じる。

「推定五百万？」

「いやそこまではいきませんが、まあ」

親方は笑うが、吉野檜の一級品はそこまでいってるかもしれない。厨房側の付け台は六センチほどと高くなく、L字の角は槍のように木をはさむ。「据えてからやや狂いが出たので、わざと材を変えて細工しました」と言うけれどかえって趣向だ。長いカウンターの奥先はまだ明るい残光に坪庭が美しい。天井は柿渋仕上げ、広い床ゆかの古いガラス簞笥（たんす）には酒器のコレクション、上にちょんと立てた団扇（うちわ）の翡翠の絵は日本画家・石踊達哉氏。

　このごろ余裕が出たのか、割烹に入るとまず内装を鑑賞するようになった。今まで見た中では、カウンターのない所はもちろんないが、あとはいろいろで、そこには主人の好みがくっきりと見える。ここは木を生かしたオーソドックスと言おうか。

　それも終えていよいよ本番。この店は「炭火割烹」を名乗り、料理はコースのみ。

　素人の私だが、専用の焼き台で加減を見ながら時間をかける焼魚ほど難しいものはないと思う。割烹の取材を重ね、割烹で味わうべきは焼魚との思いが深くなってきた。今日は楽しみだ。

　カウンターには、手前を丸く隅切りした角銘々盆が箸を置いて並ぶ。よく見ると青漆に黒漆で文字が読める。

〈奈良のみやこのやえ桜〉まだ客のない隣のは〈かよう千鳥のなく声に〉。

　ははぁ小倉百人一首だな。子供のころ家族の正月はカルタ取りが恒例で百首は暗記している。それぞれ桜、千鳥の絵が添えられ、百あるのかうかがうと、十点のセットだったそうで、どの歌なのか他も知りたいが、見て回るわけにはゆかない。今日はこれが料理のステージだな。

　そのNo．1ステージは〈小鯛の笹漬け・たたきオクラのすり流し・泥鰌（どじょう）のつけ焼きにその卵のあんかけ・小芋とさつまいもの春巻風トウモロコシのソースと枝豆・ボタンエビのカダイフ（麺の一種）巻き・毛ガニの酢ジュレ〉の先付け五種。

東京で泥鰌は庶民の安直なスタミナ食で専門店も多いが京都では珍しい。ついでに書けば泥鰌を玉子でとじたものを舞妓丼と言い（要するに柳川鍋の丼）、合わないネーミングは江戸っ子の好むシャレだろう（田舎の泥鰌娘が舞妓に出世したってな、と）。もっとも祇園の老舗に鰻蒲焼に錦糸玉子と海苔をあしらった〈まいこ丼〉があった。閑話休題。

Ｎｏ．２は〈日本海鱧の焼霜と瀬戸内鱧の湯引き〉を、うに塩と醬油で。

Ｎｏ．３は〈日本海のまぐろ造り大とろと赤身〉で、ちぎった焼海苔二片が効果的。

Ｎｏ．４は酢飯にのせた〈淡路島赤ウニ〉をガラス鉢で、おしのぎに。

座っているだけで次々に出てくるコース料理は何も考えなくてよく、逆にいただく他にすることはなく、合間を九谷瓢徳利の「松の司」を常温、お燗とつないでゆく。日本酒は醴泉、早瀬浦、黒龍、磯自慢、春鹿、醸し人九平次、十四代、〆張鶴、菊正宗など定評あるものがそろう。

Ｎｏ．５は〈伊勢海老と胡麻豆腐のお椀〉これぞ京都の白みそ椀。

Ｎｏ．６の〈蒸しあわびと水茄子〉のアワビはこりこりしながら肌はとても滑らかだ。

私は最初に入ったが、次第に客が入り始め、二階の座敷にも上がってゆく。カウンター奥のカップルの男性は、ワインの瓶をしげしげと眺め何ごとか聞いている。こういうことをする女性をあまり見たことがなく、男はうんちく好きだ。なかなか予約のとれない人気店との評判を聞いて来たらしい若い男一人客はウーロン茶で、出る料理はすぐに食べ終えて、待っている間のほうが長い。やっぱり酒を飲めないとな。

観察はともかく、そろそろ待望の焼魚がほしい。初めに焼物は何にしましょうと見せた半紙は〈のど黒・きんき・ぐじ・すっぽん・和牛・キントア豚〉。「ほかに鮎も」と聞いて「おお、それそれ」と勢い込み、鮎とぐじにした。

厨房真ん中に主役然と独立して立つ、左右一・五メートルほどもある白漆喰の専用焼き台は陶芸家に依頼したものだそうで、立ち仕事をする胸高だ。火床の左右の大皿は長い金串を打たれた焼く前の素材と、焼き上がりを養生する皿と貫板だ。炭は火力の強いウバメガシ、弱いラオスの炭を併用するとか。親方に見つめられて焼方は真剣そのものだ。焼き加減は手指で触って確かめ、再び部分的にかざしたりしている。その作業は面白そうだ。

No．7、本日ステージ主役の〈上桂川の焼鮎〉は、頭、胴、尾と三つに切られていて驚いた。焼けてから頭と中骨を抜いて唐揚げにし、それを再び胴に差し込んだそうだ。大好物の鮎は身をくねらせた塩焼きを頭からがぶりとやるものとばかり思っていたが、これはまるでちがう。ただ焼くだけではないんだ。添えるのは蓼酢と西瓜酢。

No．8の〈ぐじ〉の切身は上品な半生焼けで、揚げたウロコが上にのり、これも予想とは全く違う。焼魚といえば尺塩を振ってこんがり焼き上げた、野性味もある焦げ風味と思っていたが、こういう焼魚もあるのか。

現れた着物の女将は小顔が魅力的。

「お焼物のあとにお一つ」

No．9、箸休めの〈玉子豆腐〉を匙ですくった。

やや手の空いた親方に聞いてみよう。

「焼物のむずかしさは何ですか？」

「火加減です」（きっぱり）

「では面白さは？」

「つきっきりで面倒みることですね」

同じ魚でもひとつとして同じものはなく、焼きは常にそれに合わすことと言う。

一息つくように一杯含んで思い当たることがあった。私はアウトドアのキャンプが好きで、その時いちばん面白いのは焚火だ。焚火のないキャンプはキャンプと言えない。椎名誠さんたちとそういうことを何回したことか。大学の教え子とのキャンプも恒例だ。中心には常に火があり、そこで何でも焼いて食べる。つきっきりで焚火を管理する一人は必ず現れた。人間の得た知恵で火を使いこなすのは決定的だったという。それはまた調理の誕生。人類最初の調理は焼くことだったのだ。

山場を終えたNo.10〈スッポンのだしあんかけ〉はスッポンを焼いた、やや中華風。これに限らずマグロの造りも、蒸しアワビも表面をかるく炙り、焼いたと見えなくてもその仕事はあちこちに入っている。No.11に早松茸ののった〈葛そうめん〉、最後に〈鱧雑炊〉でコースは終わり、水菓子となった。

外までの見送りを背にした夜の祇園の風情がいい。それはあまり人が通らないからだろう。しかし両側の家には夜を楽しむ人の気配を感じる。もうしばらくその中にいたい。少し歩き、バーに行こうかと足をそちらに向けた。

京都　割烹さか本

京都四条大橋を祇園へ渡るときはいつも心ときめく。それは艶っぽい異界への入口。今日は八坂神社あてにまっすぐ行かず左に折れ、歌碑があるのを知った。

四条橋 おしろい厚き舞姫の 額さやかに打つ夕あられ——晶子

南座の 繪看板を 舞姫と 日暮れて見るも 京のならはし——寛

与謝野寛（鉄幹）・晶子夫妻はともに「舞姫」を詠み込んで、祇園に華やぐ心が感じられる。抜けた白川沿いにも歌碑がある。

かにかくに 祇園はこひし 寝るときも 枕の下を水のながるる——勇

吉井勇のこの歌は京情緒を代表する一首として有名だ。詠まれた明治四十三年当時は、白川両岸の茶屋街は座敷が川の上に張り出していた。昭和三十年の歌碑建立発起人は、四世井上八千代、大谷竹次郎、大佛次郎、久保田万太郎、里見弴、志賀直哉、新村出、谷崎潤一郎、堂本印象、湯川秀樹、和田三造などなど、まことに京情緒を愛する文人は多い。対岸の夕闇に翳り始めた割烹の大きなガラス窓座敷は明るくまる見えで、カウンターに座して盃を傾ける男女客に頭を剃った白衣の主人が何やら話しかけて楽しそうだ。紺着物に白割烹着でお世話する年配女性も見える。これほど憧れをかきたてる京情緒はないだろう。その割烹「さか本」にいまから入る。

「こんばんは、予約の……」

「ようおこしやす、さ、どうぞ」

外から見えた白割烹着の方に迎えられて履物を脱ぎ、一歩左に回り込んだそこはもう畳座敷で、いま私が立っていた川岸が見える。六畳ほどの座敷に座卓が二つ、カウンター六席は畳に敷いた座布団に座る。端の男女は向こうから見えた人で、気づかれてないだろうな。「どうもおこしやす」と快活に迎える白衣の主人もその方。のぞきをした後のようで一人でバツが悪い。酒だビールだ。座ったらつべこべ言わずまずは酒の注文と、このごろスレてきた。

ククー……

さあ、うらやましげに外から見ていた側ではなくこちら側に座ったぞ。いくらでものぞいてくれ。カウンターに置く横長半紙品書きは、達筆で「祇園有酒」「夏味献上」「鱧祭」の三枚。当店はアラカルトで注文できると聞いてきた、じっくり行こう。

まずは、と出てきたのは、赤い小梅をのせた〈白粥〉の小碗と、錫盃の食前酒〈菊姫大吟醸うすにごり〉で、これは珍しい。白粥をいただいてうすにごりを飲むと猛然と酒を飲む意欲がわいてきた。これは作戦かもしれんぞ。酒は堅実な銘酒が十種あり。京都地酒「玉乃光」の純米吟醸冷やから始めよう。

届いたお通しは白いものにかぶせた茶の葛打ちに赤い色が透け、散る緑はオクラ。透明なガラス鉢が涼しげだ。

「鶏ササミのつらら漬けと言いまして、エビ・トウモロコシ豆腐・ブドウ・オクラ・柚子に葛の出汁です」

あまりよくわからないがひと口。うまい。エビや切りブドウをアクセントに濃い葛だしが冷や酒にぴったりで、ますます飲む意欲がわく。お通しのもう一品は肌色の楕円皿に緑・赤・黄の三点盛り。

「うなきゅう・たこ柔煮・もやしの白和えです」。

うなきゅうは桂剝きした胡瓜で鰻蒲焼を巻いたもので、胡瓜と鰻の酢のもの〈うざく〉の濃い変形。たこ柔らか煮は頼もうかなと思っていたので一品得した気分、やや残した野性味がいい。割烹ではあまり見ない大衆野菜もやしの白和えにのせた黒粒はなんとキャビアだ。その三品ごとに味わう酒の旨さよ。わかった、ここの料理は酒飲み向きだ。

「みんな酒に合いますねえ」

「ははは、私も好きなものですから」

「酒のすすむ料理は普通とやや違いますが、味が濃ければよいというものでもなく」

「そうそう」一気にくだけて話がはずむ。私はそれならようしと場所を得た気分だ。

カウンター席から左に見る、先程立っていた対岸は夕暮れて、淡いライトアップが桜並木の緑葉を照らす。そぞろ歩く人が立ち止まってこちらを見る。

「四月第一週が桜の見ごろですね」

この席からの花見はよいだろうな。椅子ではない畳床に座るカウンターはとても落ち着く。やはり日本間は座ってこそ視座が安定し、後ろの卓席も床座りの掘ごたつ式だ。

注文した〈造り盛り〉は、淡路島アコウ、三重産赤ウニに、高知宿毛ゴマフエダイは求肥の昆布巻き酢〆の、龍飛巻（りゅうひまき）という凝ったもの。

先ほどから気づいているのは、器がまったく派手さのない地味好みであることだ。この造り盛り丸皿も、微かにひび割れ肌の象牙色地の三方に紺で瓢簞を半掛けにさっと描き、文人あたりが「こういう飾らないのがいいんだ」と言いそうなあっさりした民芸調だ。しかしそれに使う箸がすばらしい。利休箸を巻き留める白い紙は案外はずしにくい。こちらの古竹の節を頭に細く削った箸は、繊細な紙縒（こよ）りで縛り留められ、きれいに先の尖った竹箸は潔癖でたいへん使いやすく、褒め声をかけるとにっこりとうなずいた。箸を置く厚い白木カウンターは節穴を菱形の材でほぞ埋めした仕事がいい。

刺身には燗酒だ。純米酒「宝寿」を頼むと、白割烹着の女性が盃をおさめた重箱を持ってきた。畳に白足袋が似合うこの方の目立たぬお世話を私は気に入り始めていた。いくつかある盃は酒好きの好む渋いものばかりで使い込んだ酒艶がある。首に籐(とう)を巻いた、ややひしゃげた厚手の清課堂の錫徳利は四十年使っているそうだ。銘酒のそろえで通をうならすのではなく「酒器で酒をうまくする」のは、飲み慣れた玉乃光や宝寿がこんなにうまい酒だったかと見直させていた。赤ウニにお使いくださいと添えた焼海苔がまたおいしく、これでもう一杯飲めると私はご機嫌だ。

さてもう一品と品書きを眺めたがなかなか決められない、というか、最近は次を何にしようと身構える気持ちはなくなり、主人が言う品を聞いてみるかの心境だ。

「鱧はいかがです?」

「鱧か、鱧は何度かいただいたからナ」と軽くイナす私の態度よ。しかし眺めるに焼霜、落としだけでなく、鱧天ぷら、鱧皮酢、鱧ねぎ付焼き、鱧柳川鍋、牡丹鱧煮物椀、千枚鱧しんじょう吸、釣鐘鱧煮物椀と様々だ。それならと頼んだ〈鱧ソーメン〉は大げさでなく仰天するうまさ。もともと魚ソーメン好きではあるが格がちがう、鱧はソーメンが一番と知ったかぶりを言いたくなる。また透明ガラス梅鉢にちょんもり盛った白い麺に飾る、少女が頬を染めたようなイチジク、散らした青豆、濡らし黒海苔の、祇園舞妓の如き美しさ。私は「鱧は食べた」と思い上がった田舎者ぶりが全く恥ずかしくなった。

美しいガラス鉢は一緒にラグビーをやっていた仲間の作品という。七歳からボールを持って走っていた主人が学生時代、恩師にすすめられた留学先がイギリス、オーストラリア、ニュージーランド。

「ぜんぶラグビー国だね」

「そうなんですよ」

結局イギリスに一年いた。私の隣に座った欧米人客二人は、主人は英語が達者と知るとみるみる生気をわかせてしきりに話しかけ、鱧の説明の「コンガーイール」に「オオ!」と笑う。

イギリスから帰国して店修業に入り、その後、客で来たアメリカ人のサンフランシスコの開店を手伝うことになり長く渡米した。

「その留守中、親父を支えてくれたのが小川君です」。

そうか、そうだったか。いま京都で最も予約のとれない居酒屋「食堂おがわ」の小川真太郎さんは開店時からよく知っており、この店で修業したことも聞いていた。それを話そうかと思っていたが、人間関係は口にしないのが京都だと黙っていた。

じつは私は昔一度「さか本」に来た事がある、と言うと驚き、その時はまだ自分はいなかったとわかった顔は一度来た客を忘れたのではないかという心配に見えた。かく言う私もただただかしこまっていただけで、何をいただいたかも憶えていない。

それが二十年も間を空けてやってきて、四十三歳の働き盛りにさしかかった二代目とタメ口まじりに話している。ご尊父は七十九歳になられたそうだが時々顔を出す。白足袋で手伝うのはお母さん。息子をたてて自分は陰に徹している様子がいい。父、母、息子、見習い一人のシンプルな店のよさ。闊達に明るい主人、帳(とばり)が下りた白川の夜景、旨い酒。私は非常に気分がよくなってきた。取材で何度か割烹を訪ね、自分の自在でいいんだと度胸が据わってきたのかもしれない。

名物〈振りゆば〉、〈えぼだい南蛮漬〉とすすめられた品をしみじみ味わう落ち着き。おしのぎにと出してくれた〈すっぽん味噌〉は、半日ただただ練り続けるだけという貴い料理。鱧の知ったかぶりをやめて注文した〈鱧冷や汁〉は、あるとき父がどこかで食べてきた夏の宮崎名物・冷や汁を「これを鱧で作れ、あとはまかす」と指示されたもの。母は汁かけ飯は京都に合わんと反対したが、二年ほどかけて完成した。その郷土料理を超えた洗練には、言葉もない。

私は感動していた。割烹はすばらしい。そこで主人と心を開いて話すのはなおすばらしい。京都を訪れた多くの文人が、お茶屋もいいけれど、主人の料理で好きな酒を酌みながら、よもやま話をする割烹を好んだわけを知った。それは通い続けることでさらに深まるのだろう。

満足して辞去を伝えると、お母さんが先ほど使った竹箸を紙に包んでにっこりと渡してくれた。とてもよいお土産になった。

大阪　浪速割烹 㐂川（きがわ）

打ち水に濡れた石畳を置行灯がしっとりと光らせて、点々と奥に導く。ここは大阪・法善寺横丁。

包丁一本　晒に巻いて
旅へ出るのも　板場の修業

名曲「月の法善寺横丁」シングル盤の初めの出荷はわずか二千五百枚だったが、ご当地大阪から火がついて全国に広まり、「大阪ものは売れない」という歌謡業界のジンクスを破って大ヒット。歌った藤島桓夫（たけお）は昭和二年大阪市に生まれ、平成六年没。喉から鼻に抜ける歌声は大阪らしくこってりと昆布出汁がきく。板前修業を歌ったユニークな詞は後の庖丁人ブームのさきがけとなった。横丁にある黒御影石の歌碑には、今日もバケツの花が添えられる。

その先に「浪速割烹 㐂川」がある。粋な紺麻のれんは、割箸に皿二枚のマークが白抜きされ、下の石畳には秋のススキを活けた手桶。今日初めて気づいたが小さな碑もある。

〈懐かしおます　この横丁でおもろい噺　五拾銭也　此処は花月の　落語席あと〉

かつては寄席だったのだろう。大阪好きの私は来れば必ずここを通り、水掛け不動に手を合わせる。今日もそうした。願は私の割烹修業の完結だ。そして、前を通るだけだった「㐂川」の格子戸を初めて開けた。

入口に勿体をつけることなくすぐに大きなL字カウンター。中は二列に調理台。前列は親方が立ち、後列は白帽白衣の数人が忙しげに働く。赤みのある木の棚や物入れ、配置された蒸し器や焼台など、料亭風装飾のない調理場は合理的にいかにも仕事がしやすそうだ。親方の調理台の端、L字カウンターの角に置いた、「大講堂」と浮き文字された古鉄の茶釜のずらした蓋から立ちのぼる湯気が、おだやかに店内の息づかいを生む。下を向いて仕事中だった親方は庖丁を置いてこちらに向き直り、にっこり笑った。

「いらっしゃい。おおきに」

深川鼠の作務衣に白前掛け、剃り上げた頭、大柄な体軀に太い腕、大きな手は相撲取りのごとく、安心させる笑顔は「浪速の味」の力強さとボリューム感か。喉ぬらしのビール一杯を早々に終えて、地酒「秋鹿」のお燗を頼み、布巾を敷いた小桶の盃いろいろを運んできた着物の仲居さんは対照的に小柄で、一つを手にとると「上品なん選びはりましたなぁ」とにっこりするいかにも気取らない浪速の女性。座って十分もたたぬうちに「これはもうなーんも考えんと、うまいもん食べとったらええんや」と、にわか大阪弁ですっかりリラックスしているのに気づいた。

お通しは二品で、白碗に白い〈百合根すり流し〉は小梅漬の紅がアクセント。その味は「秋冷（しゅうれい）」。梨・菊菜・菊花・山菜ミズの玉・トビアラ（小エビ）の〈二〇世紀梨の和え物〉は、梨のシャキ、小海老のムチ、ミズの粘りは噛み心地のシンフォニーを作り、その味は「錦繍（きんしゅう）」。先週山形県月山にキャンプに行ったとき寄った道の駅で、今の時期の山菜ミズの玉を買ったが、それがあるのが〝天下の台所〟大阪か。

お通しを終えてここからが本番だ。「浪速の逸品」とある品書きの冒頭に「おまかせ三菜　お造り・煮物・他一品の三品を当方におまかせいただき御用意させていただきます」とある。これはよい方式だ。割烹は好きな物を注文するのが醍醐味と知ってきたが、一方、親方のすすめる季節の品も味わいたい。その両方ができる。

その後に続く見慣れない言葉〈割鮮（かっせん）〉の〈割〉は庖丁で捌くこと、〈鮮〉は新鮮な生魚、つまりお造りだ。〈煮物〉〈焼物〉〈揚物〉と続き〈創菜〉は独自の考案料理、〈酢肴（すざかな）・酒媒（しゅばい）〉は酢の物と珍味、〈甘味〉があって〈露物（つゆもの）〉は汁、〈飯物〉で終わる。

スタートしたおまかせ三菜最初の〈お造り＝割鮮〉は横長皿に四品。マグロ赤身はバルサミコ酢のジュレを包み、松葉状の青竹で綴じて山葵をのせる。大葉にのせたイカは塩でもんで黒ゴマを散らす。鯛は酢橘塩でもんで山椒のせ。チコリ葉にのせたタコは青紫蘇とバジルの〈ジェノベーゼ〉ならぬ〈シソベーゼ？〉、バジル酢味噌ソースとピンクペッパーを盛る。お造りだがすべて醬油いらず。その味は「芳潤」。お造りからもう一品は栗形の塗り盆に、カツオは黄ニラ醬油の漬け、ノドグロは梅肉・紫蘇味噌のせ、秋鱧の昆布〆はウニのせ、ウオゼの炙りは山形のあけがらし（辛い麴味噌）のせ。而して一盆の味は「豊麗」。

切っただけの刺身でなく、炙っただけでなく、一つ一つに調味を変え、異素材を合わせたこれらは、すべて名前を冠して単品で出せる料理だ。顔を上げた私の言葉はこれしかない。

「すごいです」

「あっはっは、いやどうも、ま、楽しんでます」

よう飲みはるんで二度に分けて出させてもらいましたと言われたが、「よう飲む」のは一品ごとに前の味を消して口をきれいにして次の味にすすむためだ。一杯含んでは箸を重ね、これは料理が楽しいだろうなあと考えていたので、親方の答えはわが意を得たり。そして気づいた。「味の芸」を愉しむのが割烹、それは親方と客が相対してすめるものだと。

さらに気づいた。途中で酒を「白鷹」本醸造に替えてひと口含み、酒としては「秋鹿」純米が飲みごたえがあるが、料理には「白鷹」が合うと。「白鷹」は割烹で最も標準的な酒として信頼があるのはこのためだったか。居酒屋派の自分は、料理はつねに酒を生かすものであってほしく、ある居酒屋主人の言葉「居酒屋の酒と肴は五十一対四十九、酒が上位」をよく引用していた。しかし割烹の酒と料理は「十五対八十五」で料理が上位。そのため酒は平凡がよいのだと。これは私には画期的なことだ。

おまかせ三菜二番めの〈秋鱧と松茸のすまし椀〉はふんわりと白い鱧真丈に高級松茸を糸のように裂いてのせ、その味は「玲瓏(れいろう)」。三番めの〈モクズ蟹のフライ 山梨産天然茸〉の味は「野焚(のび)」。おまかせ三菜の最後は秋がひたひたと寄せてくる。

＊

スポットライトの当たる壁額「浪速割烹 㐂川」は「浪速」に思いを込めているようだ。「あまから手帖」の特集「㐂川50年 浪速割烹ものがたり」は、創業者・上野修三氏の「浪速料理とは何か」に、その追求試行の歴史が書かれている。

私の前に立つ二代目の修さんは名門「志摩観光ホテル」でみっちりフランス料理を学び、㐂川では西洋を取り入れた日本料理をすすめた。周りからいろいろな意見を聞いたが「親父はこんなことせえへんかった」と言って来なくなった客が、何年も間を空けてまた通ってきてくれるようになったのはうれしかったと述懐する。しかし今は「（いろいろ試したが）やはり浪速料理は真昆布です。うちのはちょっと強すぎまっか？」と聞かれるが私にはわからない。しかし「おまかせ三菜」には華麗な技を駆使しながらも、一本通った守るものがあるのを感じた。

一方、父によく京都に連れられ、ある店の筍と若布だけの〈若竹椀〉を「これはできんなあ」と父が呟くのを「（こんな単純なものを）なんで？」と思った。しかし数年後、やはり京都で松茸だけの土瓶蒸しをいただき、かつての父と同じことを思ったという。

さて次は自分で決めなければならない。おしのぎにと出された〈セロリもろみ漬け〉を相手にウンウンと悩みに悩む。隣に座られた白髪の婦人が「これや、これが㐂川の味や」と言っていた〈創業〉の〈かもの蒸し煮とイチヂク〉も気になるが、割烹修業の最後は、やはり鯛にしよう。

「明石鯛半助をください」

「酢橘風味でも、梅山椒だれでもいけます」

ウーン……また難問。半助は鯛かぶとの二つ割りのこと、エーイ、野暮でもいいや。

「両方!」

莞爾とほほえんだ親方が奥に「半助!」と言葉を飛ばし数人がすぐ動く。やがて届いた〈酢橘風味〉と〈梅山椒だれ〉はまさに「牛若」と「弁慶」。京の五条の橋の上の名勝負だった。

ひと山越えた〈酒媒〉いろいろに、これは即席ですと作ってくれた〈鱧の子の酒盗和え〉その味は「洒脱」で酒を楽しみ、割烹では珍しく最後の〈飯物〉まですすむ。選んだ〈コノワタの粥〉は、旅の若い修行僧を女人が色香で誘惑する泉鏡花の物語『高野聖』のごとく「妖艶」。熟語を連ねてヘタな味表現したつもりだが、総合感想は「料理無限」「感服」の一語だ。

最後にひとつだけ質問した。

「京都と大阪の割烹のちがいはどこですか?」

公家料理に出発した京都は、調味をそぎ落とし、食材の味を生かす「持ち味」。食道楽の旦那が育てた大阪は味を重ねる「喰い味」、しかし「これは何食べてんの?」と言われないようにする。大阪人は貪欲ですねんとつけ加えた。

うまいところをほじくり、突っつき、最後はしゃぶりつく。捨てるものにも何かうまいものが残ってないかと探す、それが大阪。一方、京都はきれいにいただくのが大切。「京都、大阪のちがいがあって、それがええのでは」という修さんの言葉どおりだ。

「割烹の総本山」といわれる「㐂川」が、板場修業を歌った法善寺横丁にあるのはまことにふさわしい。食べるよろこびにあふれる活気ある空気をやや静めるようにうすく流れているのはベートーヴェンのヴァイオリンソナタ「春」。聞き覚えのある音色はアルゲリッチとクレーメル。私は心から満足している。なんとよい雰囲気だろう。

私の「㐂川」に通う人生が始まるかもしれない。

「クラシックがお好きなんですか？」

「いえ全然、私はシャンパン一本空けてハードロック専門、こないだも轟音ライブで汗かいて大声出し、腕突き上げてきましたわ」

——負けましたわ。

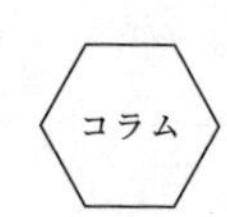

酒器の愉しみ

居酒屋通いを続けるうちに酒器に興味がわいてきた。酒の味が器で変わるのは本当だ。何となく集めてきた盃はおよそ二百あり、半分は事務所に、半分は自宅の和簞笥の抽出し一段分に、さらに徳利およそ五十本もその下の抽出しに並べ、その日飲む酒の性格によりセレクトする。

燗酒派の私の手順はこうだ。

まず深い琺瑯ポットに湯をわかしておき、一升瓶をがっぽがっぽ揺すって酒に空気を含ませ軽くする。これは冷や、常温も同じで、眠っていた酒を活性化する。それを錫のちろりに注いでポットの湯に入れ、ちろりに温度計を差す。徳利は肩まで湯につかることが大切、浅い鍋などの腰まででではダメ。風呂と同じで肩までつかってこそ温まり、腰湯は淋しい。またぬるい湯に長くつかると湯冷めしないのもお燗も同じだ。したがってポットの湯は煮え立たせない。

そしてじっと温度計をにらみ、基本四十三度で湯から取り出すと、ちろりの余熱で飲む頃は四十五度になる。用意の徳利にちろりから三分の一ほど移す。直接盃に注いでもよいが、酒は流動＝動かすことで旨みが立つので移し替えは重要だ。三分の一注ぐのは、何度も流動させる狙いもあるが、錫は金属で最も温度を保つので、中の酒を冷まさないためでもある（したがって錫ジョッキのビールはいつまでも冷たい）。盃に注ぐときは中心にどぼどぼではなく、縁の端から滑り流すように満たし、最後は徳利を二度上下して名残をつくる。

＊

いよいよ飲むときがきて、ここで酒器が問われる。長年飲み続けた結果、日本酒を最もうまくする盃は「薄手の磁器の平盃」と結論が出た。逆に「厚手の手びねり土物陶器筒型」つまり「ぐい飲み」は最もよくない。下品な呼び方「ぐい飲み」の通り「ぐい」と呷(あお)らないと酒が口に入ってこなく、最後はのけぞる形になり、女性ははしたなく、男は威張った粗暴に見える。

しかし平盃は、縁が外にかるく反った「受け口」が要で、そこに唇を当てるとまず香りを感じ、すこし傾けるだけでスイと飲め、姿勢が崩れないので飲む姿が上品だ。ぐい飲みでこれを口先でやろうとすると顎を突き出し、世をすねたひねくれ者に見える。歌舞伎役者の背筋を伸ばした手酌は平盃でなければならず、売れない文士が肘をついた手酌はぐい飲みが似合う。強調したいのは「酒は唇でも味わうもの」ということで、それは好きな女性とのキス同様……（自粛）。

大吟醸の軽快な気品を味わうには極力薄手がよく、ひと口含み、これは盃がちがうと取り換えることはよくある。換えるとたしかに味が変わる。冬の純米酒熱燗などは、どっしりした厚手のやや見込みの深いものが味を骨太にする。土物の陶器盃は味が野暮になる。

「そんなはずがない、中味は同じ、気のせいだ」と言うかも知れない。化学的に分析すれば中味は同じだろうが、では、ガラスコップで味噌汁を飲んでうまいか、ウイスキーを茶碗で飲んでうまいか。「気のせい」と言うけれど、味とは気のせいではないか。

実際、酒は唇を濡らして舌先に触れ、やがて舌の両側付け根まで進入、つまり味蕾をすべて巡るので「甘酸鹹辛苦」五味をすべて味わい、深い満足感をもって喉に向かう。ぐいと呷って喉に落とすだけでは酒の味はわからない。

白い磁器だからあとは絵柄で、これぱかりは好みだ。私の基本はシンプルな藍染め柄だが、絵があると楽しくなる。多いのは盃を一周すると元の場所に戻る山水画で、これを盃の中の世界「壺中天」と言う。またほめでたい鶴亀、翁媼なども多く、好きなのは見込みに鯉を描いた盃で、酒を注ぐと泳ぎだす。

*

何々焼とか作家ものなどの陶芸作品は、酒のうまかった試しがない。それらは美術品かも知れないが、酒をうまくする配慮はない観賞用。いただき物などをいくつも持っているが出番はなく、邪魔な箱書きはすべて捨てた。

私の持つは、地方の古道具屋の軒先で文字通りほこりをかぶっている、かつて料理屋などで使われていたものばかりだ。営業用だから高価なはずはないが、客に出すものだからこそ「酒を最もうまく飲ませる盃」にする。また地方の酒蔵で試飲に使う盃はすべて、形こそ小さいが（大きいとたくさん入ってしまう）まぎれもない白磁平盃で、これこそが味よく飲んでもらえるからだ。趣味用ではないプロの使う盃は必ずこれと知って私は確信した。またそこには、長年多くの客に使われ、いまは役目を終えて売られたものに、再び役割を与えたいという文学的な気持ちも込められる。

しかし最近の私は派手好みになり、湖岸で投網する漁師の先に二羽の雁が舞う、籠から逃げ出した亀の上を金鶴・白鶴が翔ぶ、伸ばした釣り竿に鷺がとまるなど、輝く金を効果的に配した情景は、さらに酒をうまくさせる。

＊

かように盃党だが、これが常温で飲むとなると、大きな粗い素焼き陶器がいい。昔は茶椀か蕎麦猪口を使っていたが、こちらに落ち着いた。

燗酒は冷まさないよう小盃に何度も注ぐが、常温はその必要がないから大ぶりでよい。反対に常温を徳利でちびちび飲むのは意味がなく貧乏臭くなる。常温や冷やは男らしく、ぐいと飲むのが絵になる。粗肌の素焼きが合うのは谷川の渓流を思わせるからで、その清々しさがいい。

徳利は、細首胴長の江戸徳利は剛直な力強い酒に合い、小さく手におさまる丸形京徳利はやわらかな酒に合う。江戸徳利は男の手酌が似合い、京徳利は舞妓さんのお酌が似合う。

絵は盃よりも表面積の広い徳利が優勢で、一周する「竹林の七賢」や、縦長を生かした「養老の滝と瓢」など、手にとって眺めるのは酒の時間を豊かにする。漢詩五言絶句など詩文も多く、ウンウンと読み解くのも面白い。世界の酒器に、詩を書くものはあるだろうか。日本ほど酒器に豊かな芸術性を持つ国はない。

＊

居酒屋や割烹に入ると、まず酒器はどんなものだろうと興味がわく。最近盃をざるなどに盛って好きなのを選べる店が多く、これはとても楽しい。選ぶのに困るほど逸品の多いときもあるが、一つもよいものがないことも多い。徳利も同じで、私は行きつけの店では「それじゃない、その奥の」と徳利も指定する。燗具合など酒に丁寧なところは酒器もよいものを置き、銘柄はそろえていても酒器が貧弱なところは酒がわかってないとなる。酒をおいしく飲んでもらう熱意と見識は、そろえた酒器が表している。

バー

孤高の切り絵作家・成田一徹

初めて成田さんに会ったのは一九九九年十月十四日。

日付がわかるのは、その日たずねた東京銀座・文藝春秋画廊の成田一徹展で贈呈していただいた著書『to the Bar』に「太田和彦様　平成十一年十月十四日　成田一徹」のサインがあるからだ。成田さんは私の本を読み、いつかお会いできると思っていたと言葉をかけてくれたのがうれしかった。私の専門はグラフィックデザインで美術関係の人に会う事は多かったが、初対面の成田さんは多くの人々とは明らかにちがう、画家の強く清らかな魂を感じさせた。

それは眼だ。おだやかな顔の中に眼だけは、本物を見たい、見て感じ取って、それを絵にするのが俺のやるべきことという、獲物を探す獣のような生きた眼をしていた。

やがて酒場でのつきあいが始まった。成田さんの注文はジンリッキー一本槍で、酒よりも店の空気、何よりもバーテンダーに会うのを最大の楽しみにしていた。わりあい早く顔が赤くなる方だが、カウンターに座った瞬間の情熱的な目は、燃え上がるようなバーへの愛にあふれていた。「バーホッピング＝バーのはしご」は二人に共通し、最後になっても成田さんは「ぼくはもう一軒ちょっと」と必ずふらりと消えた。

　私は美術家と酒席を共にしたら作品の話はしない方が無難と避けていたが成田さんとはちがった。この人には正直にものを言う方が喜ばれると直感した。我流の分析の一言一言に熱心に耳を傾けてくれ、研究熱心が強く心に残った。

　成田作品の最大の功績は、従来の影絵的な平面切り絵を、奥行のある立体空間にシャープに明暗構築し、民芸的世界ではない直線の交錯する非情な都会を表現したところだ。それが最初に結晶したのがバーで、シャープな中にバーテンダーや客の表情が豊かに点描されて温かみを与えた。世界の美術に類を見ない全く独創的な白黒表現は、もはや切り絵という技法分類を越えている。西洋にも例えばアールヌーヴォーのビアズレーなど白黒の作家はいるが、私から見ればそれは装飾画の域だ。東洋美術は白黒表現を好み、水墨画の曖昧微妙は西洋からは東洋的境地と見られることが多い。しかし同じ白黒でも、切り絵のきっぱりした一刀両断はもう一つの東洋的境地ではないだろうか。

　してみればその一刀をもって、ニューヨーク、パリ、ウイーンの街角、アフリカのサバンナ、エジプトの静寂（成田さんの「月の砂漠」を見てみたい）、ブラジルの熱狂カーニバル、またそれこそ水墨画の世界である中国桂林と、成田さんに、行って、切ってもらいたい所は無限にあった。安易に言えば「一刀両断、ナリタのサムライ画法」は世界に間違いなくアピールしただろう。孤高の技術が完璧に達した成田さんは、まさにこれからの人だったのだ。これほど早世の悔やまれる作家はいない。

最後に成田さんに会ったのは二〇一二年八月六日、日本橋・丸善画廊の個展だった。私は神戸が大好きで、かつて神戸新聞に連載した版画家・川西英の『兵庫百景』オリジナル全点を手に入れたと話すと深く頷き、二人で必ず神戸の連載をやろう、太田さんを連れて行きたい所がいっぱいあると眼を輝かせた。その機会は訪れず、同年十月十四日、帰らぬ人となった。

それから二年。成田さんが作家デビューした雑誌「あまから手帖」から、「成田さんとコンビで」との連載をいただいた。私は成田さんが生きているつもりで、成田さんがそのバーを書いた文をたよりに、彼の愛した店を訪ねよう。

（切り絵はすべて成田一徹氏の作品です。）

大阪　Bar Hardi（アルディ）

カウンターの中の労苦を見せずに
快活で楽しげな接客で客の笑顔を誘う。
駅前のビル群も、大きな窓から
このしっかり者を見守っている。
——成田一徹

店を開けて間もなく、もの慣れない様子でカウンターに座った男はこう言った。

向かいのビルの八階にいる自分は仕事が終わる夕方、このバーの灯がともり、開店準備を始める様子をいつも見ていた。バーなど入ったことはないが、勇気を出してやって来た。何を頼んでよいかわからないのでおまかせします。

うなずいた女性バーテンダーは少し考え、深紅のカクテルを作って差し出した。

「マンハッタンと申します」

ひと口ふくんだ男の顔はみるみる輝きを増し、うっとりと彼女を見つめた。

――「てな話はないの？」「それが、まだ」

笑う女性バーテンダー・池田育世さんは男仕立ての白シャツに銀のベスト、紫ストライプのネクタイをきりりと締めたショートヘアは、宝塚の男役のようだ。

マンハッタンは、バーテンダー協会神戸大会の記念品という鶏の尾＝コックテイルのピンに、おなじみの真っ赤なマラスキーノチェリーと、キルシュ漬けダークチェリーを二個刺して沈む。味はキルシュ漬けがよいが、赤いこれも捨て難くてと、女性らしいためらいがいい。

六階にあるこのバーは表に向いて全面ガラス。カウンターから振り向いた、大阪駅前第一から第四までのビル群の眺めは圧倒的で、まさにマンハッタンの夜景だ。見下ろす暮れなずむ夕方の交差点に、赤いテールランプがゆっくり止まり、また流れ出す。ビルの彼方にかすかに夕焼が残る、最も光のきれいなマジックアワーは、毎日見とれてしまうそうだ。

その彼女を向かいのビルから見ている人もいると思う。次第に消えゆくオフィスの明かりに、あそこはいつも残業が長いなあと見ることもあるそうだ。都会だなあ。

木張りの床、折れたカウンター、威圧的にボトルを並べずあちこちに棚をつけた室内のアットホームな温かさは、仕事に疲れた企業戦士をほっとさせるだろう。

でありながら、女性らしさを見せないプロのけじめがバーの格を生み出す。ロングスプーンやシェイカーを握る大きな手の細長い指は、惚れ惚れするほど美しいが、なよなよだけではない働く女性の手だ。その手首を巻くカフスボタンもまた素敵。いいなあこのバー。大阪に来た最初と、帰る日の最後はこのカウンターだな。

大阪 Bar Whiskey

一見コワモテだが、大切なのは
お客様にほっこりとしてもらうこと、
と考える人だ。その意味以上に
温かいニュアンスが感じられる。
——成田一徹

大阪ミナミ真ん中の道頓堀通り。真っ赤をバックに黒馬がウイスキー瓶を高々とくわえる強烈な看板を目印に地下階段をおりると、「バーウイスキー」だ。

「いらっしゃいませ」

大阪バー界にこの人ありと知られたオーナー・小野寺清二さんはトレードマークのコールマン髭を剃り落としてしまい残念だが、永年コンビの大畠泰彦さんの黒髪オールバックと口髭は変わらない。二人のどこかメキシカンなムードは大阪ミナミ的だ。

それは二十年も前、レモンをかじり、合間にハラペーニョをはさむテキーラの飲み方をここで教わったからかもしれない。辛いハラペーニョは大畠さんがメキシコで覚えたもので、中身はマル秘ですととぼけていた。

ではマルガリータを頼もう。テキーラはホセ・クエルボだ。半身に構えたシェイクの最後、頭上左上から右膝下までさあーっと大きく降り下げて終わるのが小野寺さんのカッコいいシェイキングだ。

「どうぞ」

ジューシーでボリュームある一杯は、このカクテルの野性味を忘れていない。赤い看板の由来は「男は馬」。「尻たたかれて働き、酒をラッパ飲み。馬と男は同じ人生ですよ」と笑う。

小野寺さんの変わらぬ最大の趣味は大型オートバイのハーレー・ダビッドソンだ。一九七三年、初めての新車の感動が忘れられないという。大阪ハーレークラブの代表をつとめ、現顧問。クラブの制服で超大型サイドカーを従えた雄姿がまぶしい。

その魅力は「鉄の馬」。一台ずつちがう性格を自分用に改造する「生きた馬の調教と同じ」にある。ここにも馬が出てきた。そうして何台も名車を作った。昔ハーレークラブの会員がここに集（つど）っていて小野寺さんは店そっちのけで話し込み、客の私は苦笑したことがあった。

NOILL
OILLY
MATT
&MOO

ある時、なじみ客が「娘が結婚したいと言っている男を見てくれ」と一人の男を連れてきたことがあった。

「男も女も、大体見ていればわかりますよ」

これはいい言葉だ。老齢の私も最近そう思うようになってきた。小野寺さんはその人の帰り際に「ええやないか」と耳打ちした。娘さんはその男と結婚、東京でよい家庭をつくり、今は孫がかわいいとか。

「バーは人生の縮図です」

カウンターを拭きながらしみじみ言う一言に重みがある。ここはやっぱり最も「ミナミ的」なバーだ。

京都　祇園サンボア

客の送り出しが秀逸である。

この時の客のひと言に耳を傾ける。

別れ際の接客を大切にしたい。

身についた祇園の流儀である。

——成田一徹

観光京都の中心・祇園花見小路は見物客がいっぱい。しかし脇筋まで入る人は少なく、その奥にすたすた入って行くのはいい気分だ。行く先はバー「祇園サンボア」。

「こんちは」「太田さん、おこしやす」

白シャツに黒ベストのマスター中川立美さんがいつもの温顔で迎える。カウンター席に座り、互いに見合ってもう一度にこり。

「ジンバックね」「はい、今日はこれで」

オレンジ皮をジンに漬け、ビターを加えた手製オレンジジンは甘い香りがする。

このバーはお通しが出る。今日は舞妓さんの口に入る一口サイズのきゅうりとハムのホットサンド。ここに座ると何か話したくなる。マスターもそんな顔をしている。

「襟のピンバッジのアンクルトリスはわかるけど、ダックスフントはどうして？」

「私は短足なので」

「まさか（笑）。もう一つは？」「日本バーベキュー協会です」

「は？」それ以上はとぼけて答えない。ようし。

「ぼくは日本焚火協会会員なんだ。ジャパン・フィールドファイア・クラブ、略称JFFC」

「それは何をするのですか？」

こんどは隣の客が聞いてきて、ホラ話の引っ込みがつかない。

マスターが鍋を相手に奮闘中だ。

「筍ですね」「今朝、掘ってきたんどすわ」

「へえ、場所は？」「言えまへん」

よけい聞きたくなる。ある寺の竹林らしいが和尚に「あんまり人に見られたらあかんで」と言われているとか。斜面で難儀しましたわと言う土佐煮は大変おいしい。

私の隣に一席空け、お姐さんが一人座った。清々しい白地着物に焚きこめたお香が

SANBOA
祇園
サンボア BIGT
サンボア

立ち、あまり見てはいけないが気になる。きれいに一杯を空け「お会計」とひと言、手の切れるような一万円札をすっと置いた。お帰りになり小声で聞いた。

「何をお召し上がりでした？」

「いつものジントニックちょい薄め」

お茶屋に入る前の姐さんや旦那に連れられた舞妓さんをここでよく見かけるのは、〝祇園を支えているのは女性〟と一目置き、別格に扱うマスターが信頼されているからだろう。

「おこしやす」と現れたのは棟続きのお茶屋「も里多」の女将でマスターの母上。頃合いに顔を出し、そうなるとマスターは口数少なくなるのが面白い。

「またおこしやす」

毎度の外へ出ての見送りは、今日はお二人で恐縮しました。

大阪　北サンボア

扉を開けると、控えめだが
温かい迎え入れにホッとする。
変わらないな。
店内の隅々に宿る闇にも安堵する。
――成田一徹

お初天神小路の向かいの店が明るくなると、バー「北サンボア」の店内から見る入口ドアのステンドグラスが逆光で色鮮やかになる。小路をゆく人がシルエットで見える。その一人がドアを開け、コートを脱いで無造作にラックにかけ、立ち飲みカウンターに立った。

「ハイボール」

「かしこまりました」

昔からの専用グラスの、下四センチほどのカットまでウイスキーを注ぎ、ウイルキンソンタンサン一瓶をひっくり返して空け、レモンピール。グラスのカットを客側に回して出す。

「どうぞ」

三十秒。ビールより早い。バーの初めの一杯は長く待てない。

男はすぐに一口を含み、満足げにカウンターに置いたが、手はグラスを離れない。バーテンダーは自席に戻って手を前に立ち、あとは無言の時間。柱時計のコチコチ音だけが聞こえる。ここは男のバーだ。

たまに女性客も来てそれは歓迎だが、例えば女性は自分でコートを脱ぐものではないし、ばさりとラックにかけることもしない。立ち飲みカウンターは高く、胸が当たるだろう。また男はそれでいいが、女性が長く黙っているのはヘンだ。

目の前の雄大なバックバー（酒棚）は戦前のもので、戦中は某所に疎開させた歴史的逸品だ。酒コレクションを誇示するのとちがい、選ばれたウイスキーだけが並び、むしろその下段のピカピカに磨かれたグラス類が店の誇りだ。

奥への導入をスムーズにさせるJ字カウンターもまた戦中疎開させた。カウンターに沿ってアームレストもみごとなカーブを描く。店の歴史を刻むものこそバーの最重要品。そういうバーで一杯の安酒を飲むのが男だ。

KITA
SAMBOA

御蔵七十九歳になられるオーナー大竹司郎さん、息子の順平さんは、共に冬も半袖ワイシャツに黒ベスト、白の前掛けだ。

「やっぱり手を使いますから」

店を飾る額入りの古い洋酒ポスターがいい。リキュール「BOLS」は、創業者のルーカス・ボルスが鏡の中に立つ。日本初のヌード女性広告と評判を呼んだ、寿屋の「赤玉ポートワイン」が大阪らしい。古典の重みと格を備えたここのカウンターに立ってこそ、バーというものを知ることになるだろう。

大阪　呂仁（ロジン）タバーン

「扉を開けたら、
そこはもうアメリカですよ」。
知り合いが感激の面持ちで言った。
なるほど、いかにも
アメリカンバーのムードである。
——成田一徹

京阪電車守口駅ホームから見えるバー「呂仁」は、ワイルドターキーのボトルから伸びたネオン管矢印が下の入口を指し、アメリカのハイウェイのモーテルサインのようだ。ここに入るのは初めてだ。

木と真鍮の入口ドア、左右のガラス窓は中に人がいるのを感じさせる。ラフに並ぶ酒瓶、隅にはジュークボックス。高い天井の装飾縁回しは、築百年を過ぎた洋館の名残りだ。アメリカ映画の一ジャンル「スモールタウンもの」は、地方小都市のネイバーフッドバーが必ず登場して恋愛や出来事がおきる。その雰囲気がある。

二階は床も壁も家具も全て木のカントリー調で、中に立つオーナー・巽誠一郎さんは、青いボタンダウンシャツにレジメンタルタイ、チェックのベスト。アメリカが好きで百回以上も渡米し、ひきしまった顎、ユーモアと皮肉、フランクな話しぶりはアメリカ人と変わらない。

「アメリカで何してるんですか？」

「フリーマーケットを歩いたり、酒場にも」

おもにナッシュビルなど南部で、要するにホームタウンなのだろう。その成果でもあるバーボン・オールドクロウの大きなカラス君やランタンなどのポップなノベルティグッズが店隅を埋める。案内された三階は三角天井に木の梁と大机の、まさにオールドケンタッキーホームだ。

店名「呂仁」は、まず「N」で終わる発音「ROGIN」を決め、口同士が会話しているような字「呂」と、人の「仁」を充てたそうだ。発想方法がちがうな。あちこちを見て、ようやくカウンターに落ち着いた。

「ミントジュレップをください」

「いいですね」

BOURBON BAR
ROGIN
HEINEKEN LAGER BEER
Heineken
HEINEKEN LAGER BEER
ROGIN'S TAVERN
EST 1977
ROGIN
BEER
Heineken
HAPPY HOUR
WELCOME

ミントジュレップはケンタッキー州の夏の草競馬につきもののカクテルだ。バックバーにおよそ三百種、ガレージにも山積みというバーボンウイスキーから「今日はこれを使いましょう」と手にした瓶は、ペンシルバニアの金持ちの地下から一ケース出てきた一九一二年製の百年もの。使うカップは一八六〇年頃のオリジナル・ミントジュレップカップで、スペイン産のシルバーコイン（銀硬貨）を溶かして造った純銀にちかい逸品。

本場でもなかなか飲めない一杯は、さわやかなアメリカ南部の風だった。

神戸　SAVOY北野坂

帰る場所がある者は幸せである。
帰郷して、この店の扉を
開ける時にいつもそう思う。
戻ってきた、来てよかったと思う。
——成田一徹

カウンターでにこやかに迎えたマスター・木村義久さんは口髭を立てていた。

「孫ができると髭を立てるのがわが家の伝統でして」

へえ、それはめでたい。目礼する息子さんの義雄さんにうかがった。

「名は?」

「太志としました」

これはいい名前だ。神戸でまず顔を出すバーが「SAVOY北野坂」だ。木村さんに初めて会ったのは木村さんの師匠・小林省三さんのバー「SAVOY」。その後、

ここができて木村さんはマスターとなった。

「ソルクバーノを願います」

「かしこまりました」

木村さんの名を一躍高めたのが一九八〇年のトロピカル・カクテルコンテストで優勝したオリジナル「ソルクバーノ＝キューバの太陽」だ。グレープフルーツを搾る巨大なハンドスクイーザーは四十年使ってこれは数台目。手加減で皮の渋味が調整でき、手放せないと言う。最後にゴブレットグラスに大きなスライスで蓋をしてストローを差す。

チュー……

やわらかな酸味と甘味の後にラムが酒のボリューム感を立ち上げてくる。ラムはたっぷり使いアルコール度数も高めだ。初めの一口はストローで吸い、あとは蓋をはずして直に飲むのが私のやり方。

トロピカルの演出で蓋をしたが、今や全国のバーで蓋なしでスタンダードになったのは、シンプルなカクテル自体に力があったからに他ならない。

やってきた銀髪紳士二人はシャンパンを開けさせ、義久さん、義雄さん、若い木下さんの三人と「今年もよろしく」と乾杯している。きっと毎年こうしているのだろう。

その残ったシャンパンでカクテルの準備を始めた義雄さんを、離れて義久さんがじっと見る。

「やっぱり気になりますか」

「いえ」

よく常連に「親が見てたんじゃ、やりにくいよ」と言われると照れた。

若き日に俳優をめざしたこともあるという木村義久さんほど白タキシードジャケットが決まるバーテンダーはいない。ハリウッドの二枚目ケーリー・グラントを思わせたが、口髭が立ってクラーク・ゲーブルになった。御歳六十七。バーテンダーとして円熟した風貌に、お孫さんをもった優しさが感じられた。

神戸　YANAGASE

背中にじんわりとした温かみを
感じながらジン・リッキーをする。
この火に抱きしめられているな、
としみじみ思う。
　　――成田一徹

神戸の山手、暗い不動坂途中の蔦で覆われた三階建ての洋館。一本ぽつりと立つ街灯が照らす煉瓦積み外階段を回り上がった二階に小さな木のドア。バー多しといえどもこれだけ雰囲気のあるアプローチはない。

ドアを押すと山荘風のがっしりした木の室内だ。床は煉瓦。壁にホワイトラベル、バカルディ、ハイランドパークなどのパブミラー。飾り棚にはインターナショナルバーテンダー資格証書やマイスターバーテンダーなどの額。そこでコートを脱ぐと、小さなクロークに預かってくれる。

YANAGASE

室内奥の目の高さほどもある大きな暖炉に燃える赤い火が、時折パチパチと音をたてる。積んだ薪束がいい。上の置物は、おなじみブラック&ホワイトのテリア犬、首に小さな樽をつけたヘネシーコニャックの救助犬は珍しい子連れ。船を描いた油絵が神戸らしい。手前は暖炉を眺めるための様な緑色カバーのソファ席。ここはまさにオールドイングランドの「ザ・バー」だ。

「いらっしゃいませ」

薄い白髪に白タキシードジャケットがぴたりと決まる中泉勉さんは、八十歳を超えてふっくらと色つやよい。

「横に太いので、ケンタッキーフライドチキンのカーネルおじさんと言われます」

格式あるバーの出迎えの冗談が気持ちをやわらげる。手慣れたジントニックがおいしい。広い欅一枚板カウンターには金色真鍮パイプのアームレストがつく。

「これがあるからバーなんです」

久しぶりの今日は聞いてみよう。

「店名はどこからきたんですか？」

答えは簡単だった。勉さんの姉・柳ヶ瀬美智子さんは神戸でクラブ「柳ヶ瀬」を経営、昭和四十一年に住まいのここをバーにして「YANAGASE」と名付け、勉さんがまかされた。長女と末弟、十七歳離れていれば憧れる気持ちがあっただろう。

「きれいな人だったんでしょうね」

「そうです、評判でした」とてらいがない。

もう一つ聞きたい。玄関ドア脇に、古いアメリカ雑誌のチョコレート広告が額で飾られている。

「なぜ女優エリザベス・テイラーの広告があるんですか？」

勉さんはにっこり笑った。

「好きなんです」

私は姉・美智子さんの顔がわかった。

神戸　メインモルト

この日の客三人。モルト談義のあと、
主の人柄の魅力へと話が行きついた。
モルトの森の主役は
酒より人だという話である。
――成田一徹

地下のドアを開けた室内の、三方の壁の床から天井までの棚はすべてウイスキー瓶でぎっしり埋まり、床にも箱ごとあふれる。脇の大きな木樽は試飲台のようだ。店の主役はここで、八席ほどのカウンターは付けたりのように感じる。

「見えているだけで千五百本ほどですか」

きれいになで付けた髪に蝶タイ、襟つき黒ベスト、白シャツ腕まくりのマスターはいかにも洒脱な英国人の雰囲気だ。私はウイスキーに詳しくない。

「モルトって何ですか?」

「麦芽です、ブレンドしていない樽出しウイスキーをシングルモルトと言います」

並ぶのはスコッチばかり。約二十年前のバーボン全盛期にスコッチを飲み、日本酒のように蔵によってまるで味が違うと開眼。魅力を広めたいと店を開いて二十一年が過ぎた。

初心者向けをお願いすると、一番数多く並ぶ「The BenRiach」を手に取った。スペインのシェリー樽で熟成させた十二年もの、度数四十六度を、細いチューリップ型の脚つきスニフターグラスに四十五㎖注ぐ。まず鼻へ。甘くヤニっぽい香りが、もわりと上がってくる。

「鼻腔香と言います」

口に含んだ重みのある甘さは熟したいちじくのようだ。醸造酒のワインはどこまでもぶどうの生っぽさがあるが、蒸留酒のウイスキーはアルコールそのものが甘く、飲み干すと腹の底から熱が上がってくる。

グラスにスプーンひと匙の水を加えると味が伸び、最終的にツワイスアップ＝一対一だとややもの足りない。シングルわずか一杯を様々に楽しめ、次第に体がほぐれてゆくのがわかるのは強い酒のよさだ。

これだけのコレクションは「もう意地」。苦心して手に入れた瓶の封を切る時は断

腸の思い、しかし自分も飲める楽しみもある。博物館ではないからいつまでも売れ残っても困る。

「いよいよその日が来たと、まさに嫁に出す気持ちです」。

そうかあ。

客は男ばかりと思いきや女性の二人連れもいて頼もしい。ここのようなスコッチ専門のバーは日本各地にあるそうで次々に名が上がり、自分なんかまだまだ。

「ウチのよさはエブリディ・ロウプライスです」ときっぱり笑った。

店を出て振り返った扉はウイスキー箱の板張りだ。この向うに森がある。ウイスキーの森がある。

コラム

成田さんと歩く神戸のバー

東京から乗った新幹線が新大阪を過ぎるとそろそろ降りる支度だ。日本でいちばん好きな街・神戸にまた行けると思うと胸がはずむ。

神戸を好きになったのは、成田一徹さんの本で神戸のバーを知ってからだ。東京のバーは銀座に集中して他所には少ない。遊ぶ場所がそれぞれ離れ、銀座で飽きたら新宿へ、は電車に乗らなければならず不便で、気分が消えてしまう。

神戸はちがう。どこにも歩いて行け、方向音痴の私でも山と海を感じていれば大きく迷うことはない。坂道を上り下りする適度な散策の店のはしごが、夜遊び気分、街を楽しむ気分を高める。

旧居留地のホテルに荷物を置いた。神戸の魅力は、しゃれた街並み、古いビル、中華料理、街を行く素敵な女性といろいろあるが、やはり港町。まずは港、今年は開港百五十年というメリケンパークに行ってみよう。

風だ。広々とした波止場に立ち、遠い水平線から青い海を渡ってくる風が神戸のご馳走だ。

神戸は開港するとすぐ海外移民の出港地となり、明治元年には早くも百五十三人がハワイに移住した。私は平成十三年に建てられた、台座に四か国語で〈神戸から世界へ〉と刻まれる記念像「希望の船出」が大好きだ。沖を見る父、半ズボンの子どもに手をかける母。若い一家が新天地をめざす像はすばらしい。

神戸はまた海外から多くの船員が寄港し、久しぶりに陸に上がったうれしさがバーのドアを開けさせた。亡くなられた成田一徹さんと歩く神戸バー巡りは港の一軒から始めよう。

*

南京町の南側、「ムーンライト」は周りに店もない、いかにも怪しげな細い裏路地という立地がいい。バーはこうでなくちゃ。「こんばんは」と入るにはまだ陽の高い五月だが、神戸のバーはきっちり五時に始まる。入れば中は暗く夜の雰囲気だ。

「おひさしぶりです」

迎えるマスターの名は知っている。私は成田さんの初期の著書、ハードカバーの『to the bar 日本のバー64選』(一九九八年)を手にあちこちのバーに入り、マスターにサインをいただくことを続けていた。ムーンライトのページには二〇〇〇年十一月十八日の日付で「宍戸哲也」、カバー裏にはその時いただいた、黄色地にカクテルグラスを手にした裸美女のシルエットが入るステッカーも貼ってある。

「ジンリッキーを」

成田さんと何度かバーをご一緒したが氏の注文は常に「ジンリッキー」。このおそらく最も簡単なロングドリンクは、それだからこそバーテンダーの差がわかることもあるだろうが、カクテルの技巧よりも店の居心地を最重要に味わうため注文はいつも同じというストイックさではないか。そして(何も変わっていないなと確認し)、次に移動する「バーホッパー」だ。私のようにいろんなカクテルを味見するなどは、まだまだ上級者ではない。

――そんなことを言うと「いやいや安いし」と照れる顔がとてもよかった。最も嫌っていたのは、さも常連顔をするような客(銀座に多い)だった。店の一部になったように溶け込んでいる客を理想像としていた。

成田さんは神戸市の外郭団体である港湾振興協会の仕事をしているころ、このあたりの船員バーからバーへの興味を持ち始め、一九九二年二月十四日「ムーンライト」開店の日に早くも訪れ、三日続けて来た。「地味で無口な人だった」という氏を惹きつけたのは、この店のいかにも港の船員バーらしい雰囲気だろう。

バーテンダーはアロハ風の派手なシャツ。店に小さく流れるのはジャズではなくソウルミュージック。壁にかかるひも付きベル(鐘)は、閉店合図や、何かの祝いにその時いる客全員に一杯おごる合図に鳴らす船員バーのお約束道具だ。正面の壁紙はじめ、アフリカやポリネシアの民族風内装、飾り物。トイレは椰子皮を壁に貼りつけ、店全体に世界中を航海する船員の雰囲気があふれている。

そしてカウンター奥に置いたジュークボックスがいい。故郷を思ってコインを投じる船員もいただろう。私も一曲、これにしよう。

グンナーイ　グンナーイ　ベイビー
涙こらえて
今夜は　このまま

おやすみグンナーイ……

ザ・キングトーンズのソウルフルな美声が流れてゆく。

成田さん、聞いてるかい？

＊

港から一気に山手に上がり、不動坂「YANAGASE」の下に立った。蔦のからまる二階入口に上がる鉄の回り階段ほど心おどるバーアプローチはない。成田さんの切り絵の、階段上で今まさに扉を開けているトレンチコートの後ろ姿にはモデルがある。それは絵に添えた文の冒頭に書かれる。

〈昭和一七年冬、神戸。西東三鬼は、外套の襟を立てて坂道を下り、三宮の見知らぬバーに入った。〉――『一徹の酒場だより』

俳句を始めていた私は、全句集はもとより『神戸・続神戸・俳愚伝』も何度も読み三鬼に心酔していたので、成田さんも好きだったのかと、そのことにも魅了された。

「いらっしゃいませ」

迎えたバーテンダー・村井勇人さんは十六年目。黒板の「今月のカクテル」に私の好きな〈ネバダ〉がある。村井さんの仕事は清潔で正確。作る流れに迷いなく節目がきちんとしている。

ここを始めた初代の中泉勉さんは、ついこのあいだ八十三歳で引退された。

「最後に一緒に立った夜はいかがでしたか？」

今年の三月三十一日。閉店時間をとうに過ぎて残っていた女性二人が「中泉さんの最後の一杯は私が飲む」と譲り合わず、おさまらない雰囲気になってきた。それをどう解決したか。なんと中泉さんはフェイドアウト。これはしゃれた幕引きだ。

夏の今は焚いていないが、名物は薪を燃やす暖炉で、その前のソファ席でじっと炎を見ている客も多いという。

ここで感じるのはバーの気品だ。カウンター端に座った成田さんは寡黙だったが、あるとき村井さんにぽつりと「バーの雰囲気は客も作る、だから客にも責任があるんだ」と洩らしたのが忘れられないという。

隅に控えめに立つ若い女性は生田さん。二年目でまだ酒には触らせてもらえないが、このバーの気品はきっとこの人の基礎になるだろう。成田さんに会わせたかったな。そろそろ出ますと言うとそっと鞄を持ってきてくれた。

＊

北野坂を上がり「キング・オブ・キングス」へ。異人館の建ち並ぶこのあたりは六甲山系が目前に。バーの入る英国館は医師・旧フデセック邸。待合室だった部屋に据えたゲート付きカウンターボックスはイギリスのパブではおなじみのもので、一九九九年の開店時に輸入して組み立てた。文化財建物は改築できないので、設置だけですむこれはうまい解決、しかも英国同士でしっくりなじんでいる。

「コウベハイボール」

注文に「そうきてほしかった」と破顔一笑するダンディなバーテンダー・安川秀明さんは、七分袖の独特の白いバーコートに黒い蝶タイ。開店からすでに十七年、私も顔なじみだ。

ここの魅力は戸を開けた庭をカウンターから眺められること。庭の外気を感じて飲めるバーはちょっとない。この時季にまだ外は明るい。庭を歩いてみませんかとすすめられて出たイングリッシュガーデンはバラが真っ盛りだ。

カウンター席に戻っても頬をなでる風がやわらかい。安川さんによると六甲山の山向こうから上がってくる北風は山を越すとやわらかくなり、それがいつも心地よい微風を作るという。今日最初の波止場では南からの海風を感じたが、北風と南風がミックスして神戸のさわやかさを作っていたのだ。

成田さんはいつも開店時間ごろ一軒めとして来て、やはり庭を見ていたという。切り上げは早く、それからおもむろに坂を下ってバーホッピングに出た。

「やはり下り坂がラクだったんでしょう」

なるほど、私は港から上がって来たがその方がラクではある。このバーを一軒めとしたのは、まだ酔っていないうちに格調ある西洋館のオーセンティックな雰囲気に浸り、そこから出発してミナトの俗界に酔い倒れる流れだろう。

成田さん、またハシゴしようよ。

＊

「おかえりなさい」

迎えてくれたのは「SAVOY北野坂」、日本一ホワイトタキシードジャケットが似合う木村義久さんだ。成田さんは東京から帰るとここに直行、「おかえりなさい」を聞いて一杯やってから自宅に戻ったという。

私もそうなった。シーズン到来、木村さん不滅のオリジナル〈ソルクバーノ〉にしよう。バー三軒のはしごは腹が減った。それなら何か作りましょうとジャケットを黒い前掛けに替え作ってくれた〈オムレツ〉がたいへんおいしい。昔からまかないもやっていたそうで、これは知らなかった。この温もりを、成田さんの跡を追ったバーハイライトの終点としよう。

*

——東京に帰る新幹線は新大阪を過ぎた。開港百五十年を迎えた神戸。その歴史が生んだモダンな都会感覚はこれからも変わらないだろう。バーを通じて神戸の魅力を教えてくれたのは成田さんだ。世界に類のない孤高の画業は神戸のレジェンドとしてますます不滅になってゆくにちがいない。

大好きな神戸に「次はいつ来ようかな」と考えていた。

おわりに

お読みいただきありがとうございます。いかがでしたか。

連載完結後、本にするため読み直し、これは「初めてのおつかい」だったと知った。店の玄関まで連れられ、終えると電話して迎えに来てもらう。居酒屋取材はいつも一人だから慣れているが、そこにある食文化や客が、明らかに東京とちがうのは入った瞬間にわかり、その肌合いは経験のないもので、はあこれを書けばよいのだなと視点が定まった。中にはすでに知る店もあったが、「よい店です」ではなく、そこが「関西的であること」を追求しなければならなかった。

居酒屋編を終えて少し何かが見え、「次は割烹です」と言われた時はおおいに抵抗した。敷居も値段も高い割烹はお決まりのコース料理をいただく所で、好きな肴を選び、自分のペースで酒を愉しむ私は興味はなく、むしろ本当の酒飲みはそんな所は行かない、割烹なんかに出入りしたら「居酒屋の巨匠（本人豪語）」の名がすたると。

息巻く私に、冷静な女性編集者は言った。

「はい、それをどんどん書いてください」

「あ、そう。割烹なんてつまらん、やはり居酒屋だ、の結論になってもいいんだね」

「はい、どうぞ」

彼女は平然とモナリザの微笑をうかべ、断る理由は消えた。そして「今度は私も同行します」と続けた。こうして気負い過剰の割烹通いが始まった。

今から考えると、割烹を知らずして関西の食は語れない、しかし半可通のトンチンカンを書かれては困る。それには同行して注文や振舞い方をチェックしないと、という判断だったのだろう。

始まると、回を追って自分の気持ちがぐんぐん引き込まれて行った。まさに「私の割烹修業」、それは文に現れていると思う。もちろんこれしきの経験で関西の食がわかったなどとは毛頭思えず、入り口に立ったのが正直な感想だ。

この経験は、居酒屋というあまり書かれていない分野を発見したときの初々しい意欲を何十年ぶりに思い起こさせ、次々に何かに気づいてゆく自分が新鮮だった。

老年の私に、予想もしないビルドゥングスロマン＝成長物語が生まれたのだった。

二〇一八年九月　太田和彦

登場店一覧

営 営業時間　休 定休日　カ カード

※掲載データは、夜の営業のみ記載しています。営業時間・休業日等は、季節により変更になることがありますのでお店にお確かめください。

【居酒屋】

〈大阪〉おおさか料理　淺井東迎
大阪市中央区心斎橋筋2−2−30
☎06−6213−2331
営 17：00〜22：00
休 日曜（祝前日の場合は営業、翌月曜休み）
カ 可

〈大阪〉旨い料理　旨い酒　じょうじ
大阪市東成区東中本2−2−25
☎06−6977−2470
営 17：00〜23：00（ラストオーダー22：30）
休 月曜（祝日営業、翌火曜休み）　カ 可

〈大阪〉亀は萬年
豊中市曾根西町3−7−1
☎06−6843−7290
営 17：00〜23：00
休 月曜・第3火曜　カ 不可

〈大阪〉酒肴　哲
大阪市中央区日本橋2−7−27
☎06−6633−3899
営 17：00〜23：00（ラストオーダー22：30）
休 不定休　カ 不可

〈神戸〉ばんぶ
神戸市中央区加納町4―8―19
北上タウン1F
☎078―393―0558
営18：00〜24：00
休日曜・祝日 カ可

〈神戸〉才谷梅太郎
神戸市中央区中山手通1―8―1
明関ビル6F
☎078―333―5136
営17：00〜23：30（ラストオーダー22：30）
休不定休 カ不可

〈神戸〉季節一品料理 藤原
神戸市中央区二宮1―6―5
☎078―242―3282
営16：30〜20：00頃
休日曜・祝日 カ不可

〈京都〉祇園 河道
京都市東山区大和大路通四条上ル
常磐町149―1 幕間ビル2F
☎075―531―0154
営18：00〜23：00 休不定休
カ不可

〈京都〉むろまち 加地
京都市下京区松原通新町東入ル
中野之町185 1F
☎075―353―1113
営18：00〜24：00（ラストオーダー23：00）
休木曜
カ可

〈大阪〉ながほり
大阪市中央区上町1−3−9
☎06−6768−0515
営17：00〜23：00 休日曜・祝日 カ可

〈大阪〉酒菜屋 なないろ
大阪市中央区島之内1−14−15
天野ビル1F
☎06−6120−7716
営18：00〜23：30
休月曜 カ可

【割烹】

〈大阪〉さか本（H31年3月移転予定）
大阪市北区曾根崎新地1−1−12
GOTS北新地6号館1F
☎06−6348−1588
営17：00〜24：00
休日曜・祝日 カ可

〈大阪〉島之内 一陽
大阪市中央区島之内2−11−20
吉富マンション1F
☎06−6212−5678
営18：00〜25：00 休日曜 カ可

〈大阪〉割烹 味菜
大阪市北区曾根崎新地1−5−4
岩伸スプレッドビル1F
☎06−6346−1818
営17：00〜23：00
休日曜・祝日
カ可

〈大阪〉北新地　弧柳
大阪市北区堂島1-5-1
エスパス北新地23 1F
☎06-6347-5660
営18：00〜21：30
休日曜・祝日　カ可

〈大阪〉旬鮮和楽　さな井
大阪市中央区東心斎橋2-2-11
大阪屋セブンセンタービル1F
☎06-6214-0371
営17：30〜24：30（ラストオーダー23：00）
休不定休
カ可

〈大阪〉なにわ料理　有
大阪市北区東天満1-9-17
☎06-6232-8558
営17：30〜23：00（ラストオーダー22：30）
休日曜・祝日
カ可

〈京都〉たん熊北店　京都本店
京都市中京区西木屋町四条上ル紙屋町355
☎075-221-6990
営17：30〜22：00（ラストオーダー19：30）
休不定休　カ可

〈京都〉祇園　おかだ
京都市東山区祇園町南側570-6
☎075-551-3200
営17：00〜24：00
休日曜・祝日　カ可

〈京都〉炭火割烹　いふき
京都市東山区祇園町南側570-8

☎075－525－6665
営17：00～23：00（ラストオーダー21：30）
休火曜 カ可

〈京都〉割烹 さか本
京都市東山区祇園末吉町大和大路東入ル
EFビル1F奥
☎075－551－2136
営17：00～22：00（ラストオーダー21：00）
休不定休
カ可

〈大阪〉浪速割烹 㐂川
大阪市中央区道頓堀1－7－7
☎06－6211－3030
営17：00～22：30（ラストオーダー21：30）
休月曜 カ可

【バー】

〈大阪〉Bar Hardi
大阪市北区曽根崎新地1－10－22
ミヤプラザ6F
☎06－6343－2100
営18：00～03：00（土・祝～00：00）
休日曜 カ可

〈大阪〉Bar Whiskey
大阪市中央区道頓堀2－4－14
シモウラビルB1F
☎06－6211－9625
営17：00～23：00 休日曜 カ可

〈京都〉祇園サンボア
京都市東山区祇園町南側570－186
☎075－541－7509

営17：00～24：00（ラストオーダー23：30）
休月曜　カ可

〈大阪〉北サンボア
大阪市北区曾根崎2－2－12
☎06－6311－3645
営17：00～23：00（ラストオーダー22：40）
休日曜・祝日・第2土曜　カ可

〈大阪〉呂仁タバーン
守口市本町1－2－2
☎06－6997－3200
営17：00～26：00　休日曜　カ可

〈神戸〉SAVOY北野坂
神戸市中央区中山手通1－7－20
第3天成ビル4F
☎078－331－8977

営17：00～24：00（祝日～22：00）
休なし　カ可

〈神戸〉YANAGASE
神戸市中央区山本通1－1－2
☎078－291－0715
営17：30～24：00（ラストオーダー23：30）
休年末年始のみ　カ可

〈神戸〉メインモルト
神戸市中央区北長狭通2－10－11
第7シャルマンビルB1F
☎078－331－7372
営17：00～25：00
（土・日・祝／15：00～24：00）
休月1回不定休　カ可

本書のプロフィール

本書は、雑誌「あまから手帖」で連載された「記憶に残るグッドバー」二〇一四年三月号～一二月号、「西の酒場を読む」二〇一五年二月号～一二月号、「ぼちぼち割烹」二〇一六年二月号～一二月号と、同誌に掲載されたエッセイ「切り絵の中のハイライト」二〇一七年七月号、「変わらない人生の居場所―大阪・明治屋」二〇一七年三月号を元に加筆修正し、文庫化したものです。

■切り絵協力：成田素子・荒川英二（Ｂａｒ ＵＫ）
■協力：中本由美子・穴田佳子（クリエテ関西）
■編集責任：小野綾子（小学館）
■編集協力：大島誠・原田実可子（小学館ナニング）

小学館文庫

関西で飲もう

京都、大阪、そして神戸

著者　太田和彦

二〇一八年十月十日　初版第一刷発行

発行人　立川義剛
発行所　株式会社　小学館
〒一〇一-八〇〇一
東京都千代田区一ツ橋二-三-一
電話　編集〇三-三二三〇-五五一五
　　　販売〇三-五二八一-三五五五
印刷所 ——— 中央精版印刷株式会社

ISBN978-4-09-406569-5　JASRAC 出 1809921-801